玩赚信用卡
告别死工资

林晓军——编著

中国铁道出版社有限公司
CHINA RAILWAY PUBLISHING HOUSE CO., LTD.

内容简介

　　本书专注于"玩赚信用卡"这个主题，为读者讲解信用卡理财过程中的各种实用技巧，帮助读者轻松掌握信用卡理财知识。本书内容具体包括申领卡片、合理用卡、分期与提额、银行虚拟信用卡、网络虚拟信用卡、维护信用、管卡护卡以及卡神攻略等。通过对本书内容的学习，读者可以较快地掌握信用卡的基础知识和实用的理财技巧，从而通过信用卡省钱、赚钱。

　　本书主要针对的是信用卡使用新手、想要提升用卡体验的人群、需要利用信用卡理财的人群、希望尽快摆脱信用卡债务的用户以及想了解信用卡的用户，帮助读者快速提高其理财水平。

图书在版编目（CIP）数据

玩赚信用卡，告别死工资/林晓军编著. —北京：
中国铁道出版社有限公司，2020.8
　ISBN 978-7-113-26877-0

　Ⅰ.①玩⋯　Ⅱ.①林⋯　Ⅲ.①信用卡-基本知识
Ⅳ.①F830.46

　中国版本图书馆CIP数据核字（2020）第078369号

书　　名：玩赚信用卡，告别死工资

书　　名：玩赚信用卡，告别死工资
WANZHUAN XINYONGKA，GAOBIE SIGONGZI
作　　者：林晓军

责任编辑：张亚慧　　　　读者热线：（010）63560056
责任印制：赵星辰　　　　封面设计：宿　萌

出版发行：中国铁道出版社有限公司（100054，北京市西城区右安门西街8号）
印　　刷：三河市宏盛印务有限公司
版　　次：2020年8月第1版　2020年8月第1次印刷
开　　本：700 mm×1 000 mm　1/16　印张：16.25　字数：203千
书　　号：ISBN 978-7-113-26877-0
定　　价：59.00元

前　言

工资低就等于收入低吗？对普通人而言，月收入 5000 元是很正常的事情，有多少人拿着 5000 元的工资买车、买房，换来幸福感的提升，然后每天却只能过着"吃土"的日子。其实，靠着每月 5000 元的死工资生活是最原始的办法，月收入 5000 元的情况下过着月赚 8000 元的生活也是可行的，那就是让信用卡来帮我们省钱与赚钱。

信用卡是由商业银行或其他金融机构对信用合格的消费者发行的具有消费支付、信用贷款、转账结算、存取现金等全部功能或部分功能的电子支付卡。但是在现实生活中，许多人对信用卡的理解仍然有误，认为信用卡只是一个借贷工具，所以本能地抗拒使用信用卡，觉得自己超前消费是对未来不负责。其实，信用卡除了是一个借贷工具外，还是一个非常好的理财工具。

同样是用信用卡，为什么别人是"卡神"，而你却是"卡奴"呢？他们能把信用卡玩儿得通透，而你却每月都在发愁如何偿还账单。所谓"卡神"，就是能充分利用信用卡帮助自己生活得更好的人；而所谓"卡奴"，就是被信用卡的相关问题困扰，导致日常生活被严重影响的人。

简单而言，使用信用卡就是为了让借记卡的资金得到增长，收益才是最终的目的。那么，信用卡到底存在什么特殊的奥秘呢？

随着信用卡使用的人数越来越多，信用卡使用的秘诀也层出不穷。为了让更多人了解信用卡的使用秘诀，我们特意编写了本书。通过阅读本书，可以帮助读者学会通过信用卡去省钱与赚钱，同时避免理财过程中的陷阱和风险，使生活的幸福感得到真正提升。

本书共 8 章，可分为五个部分。

◆ 第一部分为第 1 章，主要对申领信用卡的基础知识进行介绍，如最新资讯、基础常识、申卡、办卡以及账户管理等，从最简单的信用卡知识入手，为使用信用卡打好基础。

◆ 第二部分为第 2～5 章，从开始用卡中引入具体的操作，详细介绍了刷卡消费、分期还款、银行虚拟信用卡和网络虚拟信用卡。通过学习这部分内容，可以帮助读者详细了解信用卡的具体操作，从而达到省钱与赚钱的目的。

◆ 第三部分为第 6 章，主要对如何维护个人信用进行了详细讲解，帮助读者远离信用污点。

◆ 第四部分为第 7 章，主要对常见的信用卡管家进行介绍，并对于安全用卡进行了说明，便于读者更好地管卡与护卡。

◆ 第五部分为第 8 章，主要介绍了"卡奴"与"卡神"的形成原因，正确引导读者远离"卡奴"的悲惨境地，走向成为"卡神"的成功之路。

本书不是宏篇大论的理论指导书，而是一本注重实际应用的实战大全，通过大量信用卡知识和技巧，帮助新手成为玩赚信用卡的高手。同时，利用丰富的故事、案例、表格和图示降低枯燥感，让读者在一种轻松有趣的阅读氛围中学习本书的知识。

最后，希望所有读者都能从本书中学到想学的知识，快速打破理财壁垒，利用信用卡轻松获得收益。

编　者
2020 年 5 月

目　录

第1章　申领卡片，玩赚信用卡第一步

随着人们对便捷生活的追求越来越高，信用卡的使用也越来越常态化。拥有属于一张属于自己的信用卡，能更好地提高生活品质。不过，申领信用卡的过程中涉及很多操作，本章将对其进行详细介绍。

第2章 合理用卡，独享万千实惠

信用卡行业的竞争越来越激烈，各大银行也相继推出了各种增值服务，刷卡免年费、刷卡享积分等优惠活动。作为持卡人，也应当适时抓住机会，学好用卡技巧，让信用卡为自己省钱，甚至赚钱。

第3章 分期与提额，信用卡的用卡消费经

信用卡激活后持卡人即可开始使用其进行刷卡消费，它也是发卡银行对持卡人的信用证明，用好了会让持卡人的信用得到提升，如果出现违规行为不仅影响个人信用，严重的还会被发卡银行"拉黑"。

3.1 高手的分期付款消费经 /84

第4章 银行虚拟信用卡，无卡消费支付更便捷

随着互联网的快速发展，信用卡也迎来了"虚拟时代"。各发卡银行为了满足市场要求，纷纷推出虚拟信用卡业务，方便持卡人在网上进行购物、充值等。

第5章 网络虚拟信用卡，花呗借呗与京东白条的使用

除了信用卡以外，常用的还有蚂蚁花呗、蚂蚁借呗以及京东白条。它们都是互联网与经济发展后应运而生的金融产品，逐渐改变着人们的支付方式，被统称为"网络虚拟信用卡"。

第6章 维护信用，避免产生信用污点

持卡人在享受信用卡带来的好处时，也需要注意其潜在的风险。信用卡若使用不当就会产生个人信用污点，从而给持卡人的金融活动带来麻烦。

第 7 章 管卡护卡，信用卡贴身卡管家与安全用卡

随着信用卡的普及，许多持卡人都办理了多张信用卡，但是多张信用卡在管理时容易出现混乱，这时可以利用信用卡管家进行管理。另外，合理使用信用卡，不仅可以省钱，还可以赚钱。

第 8 章 卡神攻略，高手的用卡之道

信用卡用得好，不仅能够快速提升额度，甚至还能帮助持卡人省钱与赚钱，从而告别死工资，实现理财计划。

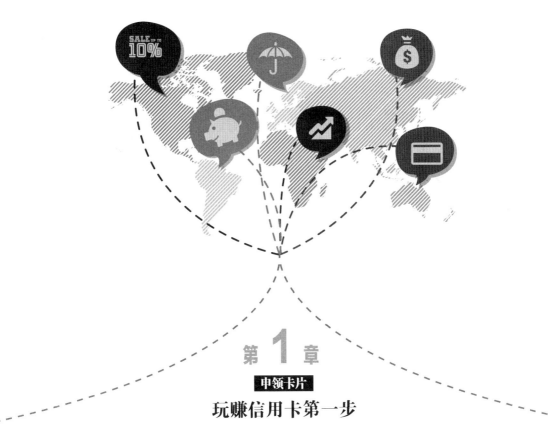

第 **1** 章

申领卡片

玩赚信用卡第一步

随着人们对便捷生活的追求越来越高，信用卡的使用也越来越常态化。拥有属于一张属于自己的信用卡，能更好地提高生活品质。不过，申领信用卡的过程中涉及很多操作，本章将对其进行详细介绍。

1.1 掌握信用卡的最新资讯

日前，中国人民银行发布了《关于信用卡业务有关事项的通知》，对于信用卡的使用等做出了新的规定。不仅如此，银行的信用卡体系也处于不断完善当中，对于广大卡友而言，信用卡的新政策都与自己息息相关，因此需要对其有所了解和掌握。

1. 最长免息期可能会超过 60 天

对于信用卡持卡人而言，免息还款期与最低还款额待遇是两大核心服务。根据现行的《银行卡业务管理办法》规定，信用卡免息还款期最长为 60 天，首月最低还款额不得低于当月透支余额的 10%。

而新规放开了上述限制，中国人民银行把最长免息期的制定权交给了各个银行。各个银行可以根据持卡人的不同资质和还款习惯来设置最长免息期，同时也可以按每个持卡人的资质好坏，增加或缩减每个持卡人的免息期。

信用卡的免息期越长，对持卡人的资金周转越是有利；信用卡的免息期越短，持卡人的资金周转压力就越大。许多持卡人就是利用信用卡免息期的时间来周转信用卡的资金，去赚取资金和时间的差价，从而成为信用卡的"卡神"，实现信用卡理财。

2. 最低月还款限额银行说了算

刷卡消费时可能没感觉，但在还款时就会非常痛苦，特别是过度消费，这时就可以通过最低还款额度来拯救自己的个人信用。持卡人可以选择先还一部分欠款，信用卡也不会出现逾期，后续有资金，再偿还剩余的部分即可。

正常情况下，信用卡最低还款额度为透支消费额度的10%（各种费用需要全额还款，如年费、利息等）。不过，现在最低还款额度由发卡银行进行设置。对于持卡人来说，有可能会享受到低于10%的额度，所以需要多加关注发卡银行的最新信息。

3. 违约金取代滞纳金

新规实行前，持卡人如果还不上最低还款额，需要承担高额的逾期费用，而且计费方式通常是按月计复利。如果晚还几天，持卡人就会因为利滚利而缴纳高额的利息。

新规实行后，信用卡滞纳金被取消，但这并不是说持卡人还不上也不用罚钱，而是改为由银行收取"违约金"，而且只能一次性收取，不得复息计算。另外，发卡银行向持卡人收取的违约金、年费以及取现手续费等服务费用不得计收利息。

4. 透支利率可上下浮动

如果持卡人习惯透支信用卡超前消费，那新规绝对是利好消息，因为透支利率从单一变为上下限额浮动。

新规实行之前，超过免息期按每日万分之五收取透支利息。新规则对信用卡透支利率实行上限和下限管理，透支利率上限为日利率万分之五，下限为日利率万分之五的0.7倍。目前，各家银行的透支利率变成了弹性区间：日息在0.035% ~ 0.05%之间。也就是说，最高也不过是新规前的利率水平。

另外，持卡人还需要知道的是，透支利息呈正比例增长，如果金额较大，还款时间延迟得越长，也是一笔不小的数目。例如，日利率为 0.05%，那么年利率可高达 18%。

5.ATM 取现日限额达 1 万元

如果持卡人急需现金，则可以通过信用卡预借现金业务来获取帮助，该业务能取现、转账与充值。

在新规实行后，持卡人通过 ATM 等自助机办理信用卡现金提取业务的限额，由此前每卡每日累计人民币 2000 元提高至人民币 1 万元。对于其他预借现金业务限额，由发卡银行与持卡人协议约定。

此外，中央人民银行在预借现金业务中细分了一种业务，叫"现金充值"，是指持卡人将信用卡预借现金额度内资金划转到本人在非银行支付机构开立的支付账户。

当然，因为预借现金不能享受免息还款，所以从取现当天起至清偿日，银行要按日利率万分之五计收利息，且按月计收复利。

6. 被盗刷后银行要合理赔付

在新规实行后，发卡银行对持卡人的非本人授权交易（盗刷）要予以合理补偿，以保障持卡人的合法权益。简单而言，就是持卡人的信用卡被盗刷后，发卡银行需要进行赔偿。

当然，不同的发卡银行针对盗刷情况的赔付规定都不一样，例如，有的发卡银行规定，凭密码交易的信用卡被盗刷后无法获得赔偿；另外也有发卡银行规定，只会赔偿 48 小时内被盗刷的信用卡，且只是部分赔偿。

因此，信用卡申请人在申请信用卡时，需要向发卡银行了解清楚信用卡被盗刷后的赔偿规定。

1.2 申请信用卡前，需要了解什么

对于许多用户而言，第一次申请信用卡往往缺乏信用卡的基本知识，容易导致信用卡申请不下来。第一张信用卡对于用户很重要，它将会为以后申请信用卡打下基础，若第一次能成功申请信用卡，其他信用卡的申请就变得简单了。因此，用户在申请信用卡前需要了解相关知识。

1.2.1
了解多家银行信用卡的优缺点

各家银行的信用卡种类越来越多，对于刚入门的用户而言，选择一张合适的信用卡显得较为困难，不知道从何入手。其实，各家银行都有自己的特点，在申请信用卡前需要对其有基本的了解，从而选择适合自己的信用卡，具体内容如表 1–1 所示。

表 1–1 对比各家银行信用卡优缺点

银行名称	优势	缺点	申请材料	适合人群
中国银行	①积分值钱；②网点多；③有短信提醒；④优惠活动多	①申请门槛高，额度低；②一年只能申请两次提额；③非常注重存款；④附属卡需要分别还款；⑤透支取现无最低还款；⑥销户需要去营业网点	①身份证；②银行流水；③工作证明；④人民币定存到中国银行	常出国的人群

续上表

银行名称	优势	缺点	申请材料	适合人群
中国建设银行	①申请门槛低；②部分信用卡洗车免费；③优惠商户较多；④积分可兑换里程；⑤信用卡分期不占用额度；⑥刷3次卡就能免年费；⑦透支取现有最低还款；⑧信用卡分期手续费较低	①消费达到一定额度才有短信通知；②不会发送生日祝福短信；③免息期太短；④额度偏低，提额较慢；⑤各张信用卡要分别还款	①身份证；②银行流水；③车产；④房产；⑤定存；⑥以卡办卡	有车一族、喜爱美食的人群
中国工商银行	①取现无手续费；②提额快；③短信提醒免费；④服务费、手续费较低；⑤免息期较长；⑥非全额还款时，已还款部分不收取利息；⑦不同品牌的国际卡额度独立；⑧消费密码有3种：所有交易无须密码、所有交易均需密码以及限额以上交易需要密码	①没有中国工商银行储蓄卡，申请比较困难；②申办门槛低，额度低；③服务态度不稳定；④优惠活动很少，积分少；⑤"薅羊毛"比较困难	①身份证；②银行流水；③车产；④房产（想要高额信用卡，尽量提前一周到中国工商银行存5万以上定期）	有一定资产，想要申请高额度信用卡的人群
中国农业银行	①活动很多；②网点多；③提额快；④免息期长；⑤短信提醒免费；⑥有信用卡客户商旅专业服务	①门槛高；②额度低；③审批时间长；④没有积分	①身份证；②银行流水；③工作证明；④社保卡（必须要）	当地没有股份制商业银行、申请条件优越
中信银行	①易申请；②活动多；③分期额度较高，且不占用额度；④可申请终身免年费的信用卡；⑤积分容易；⑥用卡良好的情况下，能有更多的钱拿来"薅羊毛"	①分期手续费很高；②短信提醒收费；③免息期短；④风控很严格	身份证（以卡办卡额度更高）	需要分期获取现金、经常出国旅游

续上表

银行名称	优势	缺点	申请材料	适合人群
交通银行	①门槛非常低；②初始额度很高；③优惠非常多；④还款比较方便；⑤超长免息期；⑥支持支付宝，网付限额10000元	①只能系统主动提额，不能申请提额；②短信提醒收费；③取现手续费很贵；④全额罚息；⑤风控严格；⑥分期操作烦琐；⑦各张信用卡分别还款；⑧积分不是永久有效	身份证	经常买家电的人群
招商银行	①服务比较好；②额度比较高；③提额人性化；④特惠活动及商户门店特别多；⑤如果有多张招行信用卡，则所有信用卡账单合一；⑥卡片种类多,图案设计美观；⑦申办门槛极低，积分永久有效；⑧网银功能强大，操作方便	①某些网购有限额且最高只有500；②积分少，20元积1分；③很多网购无积分	身份证	重服务，不重积分
兴业银行	①金卡可享受机场贵宾厅；②积分永久有效，不清零；③积分可兑换里程；④每月最低还款额为5%，一般银行为10%	①没有400、800电话；②网点少，很少看到兴业银行的网点	①身份证；②银行流水；③财力证明；④他行信用卡	经常乘坐飞机又不想支付白金卡年费
平安银行	①24小时道路救援；②办卡即送意外险、住院补贴险等；③有车提额快；④优惠活动很多	①短信提醒收费；②积分不值钱；③广告多	①车产；②身份证；③他行信用卡；④银行流水	有车一族、爱旅游的人群

续上表

银行名称	优势	缺点	申请材料	适合人群
中国光大银行	①卡面很漂亮；②申请门槛低；③优惠活动多,力度大；④免费短信提醒；⑤网上购物可累计积分；⑥刷3次免年费	①分期手续费很高；②网点很少	身份证	爱网购、实体店消费多
中国民生银行	①取现无手续费；②分期不占额度；③积分价值高；④商旅预订服务较好；⑤金卡律师服务	①短信提醒收费；②每年刷卡8次才可免次年年费；③网点太少	身份证	看重积分

百科链接 **办理多少张信用卡比较合适**

在申办信用卡时,到底选择哪家银行的信用卡呢？这要看申请人使用信用卡的主要需求是什么,这样就能选择出最适合自己的信用卡了。另外,针对不同的人群,到底申请多少张信用卡比较合适呢？具体建议如下:

第一,刚工作,收入不是很高,则建议申请1张信用卡,以便资金应急,也便于培养自己的征信;

第二,工作3~5年,有一定的存款,则建议办理2~3张信用卡,不仅可以满足日常所需,还可以进行一些养卡与投资操作;

第三,工作多年,有房、有车或有公司等,则建议可办理3张以上信用卡,由于消费能力和还款能力都较好,所以不会出现分散消费、信用卡的额度都不高的问题。

通过上面的内容可以了解到,信用卡的配置要通过个人的具体需求来确定,只有在各大银行的持卡情况保持均衡,才能够实现个人投资收益的最大化。

1.2.2

每张信用卡为何都存在有效期

众所周知，信用卡的安全三要素分别是有效期、CVV2码和手机验证码，它们在信用卡的使用过程中起着举足轻重的作用，千万不能忽视。不过，很多持卡人并不十分了解信用卡有效期的存在缘由，下面我们就来了解一下。

1. 信用卡有效期的具体作用

信用卡有效期是从信用卡获批的那日算起，在每张信用卡卡面上都明确标有该信用卡的具体有效期，通常在信用卡卡号的下方，其主要具有3个方面的作用。

◆　防止信用卡被盗刷

如果信用卡没有设置有效期，一旦信用卡落入不法分子手里，持卡人也一直没有察觉到，那么将会遭受巨大损失，只要持卡人一直没有发现，不法分子就可以一直盗刷该信用卡。所以银行为信用卡设置有效期的目的就是为了降低风险及损失，信用卡上的有效期过期，该卡片就会失效，持卡人将不能再使用该信用卡。

◆　更新换代加强安全

信用卡会一直更新换代，因此发卡银行通过让持卡人换卡，来保证持卡人的信用卡在功能与安全性上都是最先进的。比如，之前大部分的信用卡都是磁条卡，不带芯片，为了提高信用卡的安全性，中央人民银行规定各大银行发行的信用卡都必须带芯片。

对于部分持卡人而言，可能会因为各种原因不愿意去换卡，然而在信用卡到期后，发卡银行自然就会为持卡人换上最新功能的信用卡。

◆ 重新评估信用卡使用风险

当持卡人的信用卡过期后，发卡银行会重新评估持卡人的使用风险。如果持卡人的风险降低了，或者财力更加雄厚了，发卡银行也可能会在换卡时提升持卡人的等级；当然，如果持卡人的风险增加了，那么发卡银行也可能会给持卡人降级。

由此可知，发卡银行为持卡人的信用卡设置有效期，主要还是为持卡人的利益考虑。

2. 信用卡有效期是多久

所有信用卡都是存在有效期的，通常为 3 年、5 年、8 年或者 10 年等，每个发卡银行的有效期都有所不同，通常会在信用卡上以相应格式标记出来，具体有如表 1-2 所示的两种格式。

表 1-2　信用卡有效期的两种格式

信用卡有效期格式	内容
MM/YY	前两位是信用卡到期的月份，后两位是信用卡到期的年份，通过该标记就能看出信用卡到期的大致时间，你需要结合核卡日期来推测有效期
VALID FROM MM/YY，VALID THRU MM/YY	前面是信用卡的批卡日期，后面是信用卡的到期日期。只要直接用到期日期减去批卡日期，就能得到信用卡的有效期

例如，持卡人的信用卡有效期是 11/23（MM/YY 格式），也就表示该张信用卡的有效期是到 2023 年 11 月，过了 2023 年 11 月，该张信用卡将不能正常使用。

3. 信用卡有效期到期怎么办

通常情况下，信用卡到期前两个月左右，发卡银行就会以短信或电话的方式提醒持卡人。如果持卡人没有向发卡银行提出终止信用卡的使用，发卡银行就会在信用卡到期前一个月内给持卡人的账单地址邮寄一张新的信用卡，持卡人收到信用卡后激活即可使用。一般新卡的卡号与旧卡的卡号一致，但有效期和 CVV2 会有所改变。

> **百科链接** *信用卡到期换卡的注意事项*
>
> 通常情况下，新的信用卡会寄送到持卡人的最新账单地址，如果地址发生变化，持卡人应该及时与发卡银行联系，修改地址，避免无法收到新的信用卡。另外，旧的信用卡到期后将不能再使用，持卡人在收到新的信用卡后需要重新激活，设置好查询密码、交易密码等信息后，即可直接使用。

1.2.3
多家银行可减免信用卡年费

一提到信用卡的相关费用，大家首先会想到信用卡的年费。信用卡年费是指发卡银行一年收取一次的费用。通常情况下，信用卡需要缴纳年费，只是不同类型的卡片，缴纳年费的方式有所不同。例如，有的信用卡在一年内消费指定次数即可免除年费，而有的信用卡是开卡后收取年费，不可减免。

目前，越来越多的发卡银行推出"免年费"的信用卡，许多持卡人经受不住诱惑就想多办理几张，但是这些所谓的"免年费"信用卡需要满足相应条件，持卡人一不小心就会忽略，从而没能成功免年费。因此，持卡人需要弄清楚哪些信用卡可以直接免年费，哪些是通过活动进行减免。

1. 年费的收取方式

办了信用卡不使用，还需要倒贴年费，这肯定不划算。而年费的收取方式也有很多种，其具体介绍如表1-3所示。

表1-3 信用卡年费的3种收取方式

年费收取方式	免年费规则
满足条件免年费	银行信用卡年费减免政策主要可以分为两类，一类是首年免年费，刷卡消费满规定次数可减免次年年费，多数发卡银行都采取了该方式来免年费，不过不同发卡银行的免年费规则都不同；另一类是首年不免年费，但刷卡消费满规定金额可减免次年年费
有效期内免年费	在信用卡可使用的有效期内，激活后不管是否使用，都不会产生年费费用。需要持卡人注意的是，当信用卡到期时，发卡银行会根据持卡人使用情况延长使用期，并邮寄新的信用卡，而新的信用卡是否可以继续免年费，则需要看银行的评估情况了
用积分抵扣年费	通常情况下，白金级别以上的高端信用卡可以通过积分抵扣年费。而部分普通信用卡则可以通过发卡银行推出的促销活动免除首年年费。当然，此类信用卡申请获批的门槛也较高，普通用户很难申请到

2. 各发卡银行信用卡年费免除标准

不同银行间不尽相同的免年费规则，很容易让持卡人在无意间产生年费，各发卡银行信用卡年费免除标准如表1-4所示。

表1-4 信用卡年费免除标准

银行名称	免年费规则
中国工商银行	上海牡丹畅通卡和牡丹白金卡消费积分累计达到400万分，其他信用卡使用满10年，终身免年费
中国银行	全币种国际芯片卡终身免年费，中银系列每年刷卡5次免次年年费

续上表

银行名称	免年费规则
中国建设银行	全球热购卡、VISA 卡与万事达卡、红十字会联名卡和公务卡免年费，其他金卡与普卡刷卡 3 次免次年年费
中国农业银行	农行金穗 QQ 联名 IC 卡终身免年费，其他卡种刷卡 5 次免次年年费
招商银行	全币种信用卡、三星和奥运的 VISA 小卡终身免年费，其他金卡与普卡刷卡 6 次免次年年费
平安银行	刷卡 6 次免次年年费
广发银行	刷卡 6 次免次年年费
兴业银行	刷卡 5 次免次年年费
中国民生银行	刷卡 8 次免次年年费
华夏银行	刷卡或取现交易 5 次免次年年费
中国光大银行	每年刷卡 3 次免次年年费
中信银行	蓝卡免年费，刷卡或取现交易 5 次免次年年费
交通银行	银行公务卡免年费，其他金卡、普卡刷卡 6 次免次年年费
浦发银行	除了一些高端信用卡，基本产品都是免年费

要点提示

通常情况下，信用卡不激活不收取年费，不过某些特殊信用卡不激活也会收取年费。如果不清楚自己的信用卡在没有激活的情况下是否收取年费，最好致电发卡银行，向客服了解清楚，不然容易因为年费而造成逾期。

1.2.4
个人拥有几张信用卡比较合适

多数人觉得，普通持卡人只需要办理一两张信用卡就足够了。如果有特别需要可以临时申请，从而避免因信用卡过多造成管理混乱，导致不必要的损失。

不过想要通过合理使用信用卡来进行理财，只有一两张信用卡是不够的，特别是对那些信用记录良好且有较好经济能力的用户而言，可以享受信用卡带来的更好服务与更大收益。当然，持卡人还是需要特别注意信用卡的管理，因为过多信用卡可能会出现管理疏漏，一不小心忘记还款，留下不好的征信记录，就得不偿失了。

通常情况下，普通持卡人持有 3 ~ 5 张信用卡是比较合适的，不仅可以享受多个发卡银行优惠福利以及持卡权益，也不会因为持卡过多而造成管理混乱。想要在国内几十家发卡银行中选择适合自己的信用卡确实不容易，但具体要申请哪家发卡银行的信用卡，还是需要结合自己的实际情况来进行选择。

例如，对于一个没有特殊要求的普通持卡人，可以按照自己的生活与工作来配置信用卡，如购物、出差、加油以及美食等。

案例

合理配置信用卡

刘小姐是一名刚毕业不久的深圳小白领，她生活中有多个消费场景会使用到信用卡，分别是看电影、吃饭、超市购物和网购。然后她办理信用卡时进行了相应的配置，分别是中信银行的小白卡、浦发银行的梦卡、交通银行的沃尔玛信用卡以及招商银行的 YOUNG 卡。

这几张信用卡的申请门槛比较低，对于刚从大学毕业的用户而言，申请难度不大。同时，这几张信用卡又能满足刘小姐的基本消费需求，还能通过信用卡的一些优惠活动省下不少钱。

对于工作年限较长、收入高且消费多样化的用户而言，可以配置级别比较高的信用卡。因为高级别的信用卡可以起到以一当十的作用，获得更好的理财效果与权益。例如，最近比较受欢迎的浦发运通 AE 白金卡，年费可以减免、5 次境内机场接送服务、无限次机场贵宾厅、资产达标专属特权、积分加倍累计、积分兑换免费酒店以及航空里程等，这些都是非常实际的权益。

由此可知，用户的信用卡配置需要以自己的实际需求为主，在各大发卡银行中的持卡情况做到平衡，从而实现个人收益的最大化。

1.3 申办卡片，与信用卡零距离接触

对信用卡的相关信息以及自己的需求有所了解后，用户就可以对信用卡进行申领。想要快速申领信用卡，就需要对信用卡的申领过程进行了解，并准备完整的申领材料。在信用卡申领成功后，还要激活信用卡，才能使用信用卡进行消费。

1.3.1
全面通晓信用卡的用途

信用卡不仅可以用来刷卡消费，还能享受免费保险、旅游服务等。当持卡人对信用卡的用途有了全面的了解后，就可以更好地使用它。

1. 简单节省生活开支

使用信用卡最主要的好处就是节省费用，这主要可以通过商家优惠活动、信用卡积分省钱、刷卡分期还款以及话费充值优惠等方式来实现，如表 1-5 所示。

表1-5　信用卡节省生活开支的方式

方式	具体内容
商家优惠活动	发卡银行常常会与一些商家进行合作，推出一些信用卡的优惠活动。当持卡人在指定时间内达到一定刷卡次数或刷卡金额，则可以享受相应的折扣优惠或领取礼品
信用卡积分省钱	大部分的信用卡都具有积分功能，不同发卡银行的信用卡具有不同的积分规则，如使用积分可以抵现、在发卡银行官网上兑换礼品等
刷卡分期还款	使用信用卡进行消费时，即使消费商户不是发卡银行的指定商户，持卡人也可以向发卡银行申请信用卡分期
充话费享优惠	目前，网上充话费已经非常普遍，如在淘宝网中充话费享优惠 1～2 元、在京东商城中充话费可领取优惠券、财付通充话费享 9.8 折等

2. 轻松购买大物件

随着生活水平的提高，人们开始追求更高的物质享受，能接受的商品价格也越来越高，如大小家电、汽车及住房等。如果直接携带现金前去商户处支付，显然不是很安全，此时信用卡就起到了较好的安全作用，而且携带也方便。

◆　刷卡购买大件产品

目前，高科技产品越来越多，电子产品、智能家居产品成为许多人生活中追求的必备品。比起向亲朋好友借钱或者向银行申请贷款，使用信用卡进行消费成大部分人的第一选择。

案例

没钱也能购买大件

陈小姐最近在装修新房，为了赶时髦，陈小姐想要为自己的新房安装智能家居系统。

恰好遇到"双十一"，陈小姐在商场看中了一套智能家居，该套家居也在做促销活动，大幅度降价。不过，该促销活动的时间只有 3 天，所以陈小姐需要好好把握。目前，她手上的现金不多，但是刚好有两张信用卡，通过计算两张信用卡都可以享受到 50 天的免息还款期，于是她使用信用卡刷了 4 万元，购买了那套智能家居。

由此可知，陈小姐虽然没有过多的流动资金，但是利用信用卡的先付款后还款以及免息期的特点，购买到了自己心仪的产品。

◆　刷卡办分期买车

目前，几乎所有的信用卡都具有分期还款业务，而汽车分期也比较常见。汽车分期是指持卡人在同意支付首付的情况下，向发卡银行申请到指定的汽车经销商处购买汽车。若发卡银行同意持卡人的申请，就会将汽车的总金额进行分期，持卡人只需要每期按时还款即可。

要点提示

持卡人需要注意的是，分期业务需要支付相应手续费。目前，许多发卡银行和汽车经销商联合推出"零利息，低手续费"的活动，即持卡人在购买汽车时不收取利息，但需要缴纳手续费，汽车贷款的手续费一般是车款总额的 4% ~ 7%。不过促销活动较大时，也有可能不收取手续费。

3. 免费获取赠送的优惠

发卡银行为了吸引更多的用户办理本行信用卡，或者提升持卡人的忠诚度，常常会为持卡人提供一些回报或增值服务。

◆　获取免费保险

使用信用卡除了可以用来购物消费之外，还能免费获取保险，每个类型的信用卡具有不同的保险产品，持卡人可以根据实际情况进行选择，如表 1-6 所示。

表 1-6　信用卡的不同保险产品

险种	内容
航空意外险	多数发卡银行中，只要通过信用卡支付全额机票或支付 70%～80% 以上的旅游团费，即可获得 50 万元～3000 万元保额的航空意外险
人身意外伤害险	人身意外伤害保险是指被保险人在保险有效期内，因遭受非本意的、外来的或突然发生的意外事故，致使身体蒙受伤害而残废或死亡，保险公司按照保险合同的规定给付保险金的保险。很多信用卡会免费赠送人身意外伤害保险，如北京银行中荷人寿联名卡，成功激活联名卡并首刷消费，即可在首年获赠价值最高 10 万元的人身意外伤害保险，每年度内刷卡消费满 5 笔（不限金额）则可继续享受次年保险赠送
驾驶员意外险	对于驾车人士而言，很有必要拥有一份驾驶员意外险，部分信用卡会免费提供这样一份保障。如平安银行车主信用卡，只要持卡人成功激活并首刷，即可尊享安全驾乘保障，最高 110 万元全车人员意外险
公共交通意外保险	公共交通意外保险是以被保险人作为乘客在乘坐客运大众交通工具期间，因遭受意外伤害事故，导致身故、残疾、医疗费用支出等为给付保险金条件的保险。如平安银行的保险信用卡，飞机意外伤害保额 50 万元、火车轮船轨道交通意外伤害保额 20 万元、汽车意外伤害 5 万元、交通意外医疗保额 5000 元以及垫付交通意外住院医疗费用等
家庭财产险	家庭财产险是以城乡居民的有形财产为保险标的的一种保险，持卡人可以通过信用卡为家庭免费获取一份保障。如光大银行吉祥三宝信用卡，持卡人的家庭可以获得保额为 5 万元的家庭财产险

◆　获得保费折扣

与其他保险公司的保险产品相比较，信用卡的保险在缴纳保费时可以获得相应的折扣。同时，信用卡推出的保险产品较多，还有很多组合保险产品，持卡人的选择就更加多样。

4. 有效提升信用形象

信用卡的相应记录会生成个人征信报告，体现持卡人在社会中的信用状况，并且良好的征信记录对持卡人而言非常重要。

因此，拥有一张信用卡可以有效提高持卡人的信用形象，提高持卡人信用形象主要有如表1-7所示的几个方面。

表1-7　提高持卡人信用形象主要方面

持卡方式	内容
持知名品牌信用卡	不同发卡银行对用户资信审查的严格程度不同，一般大型商业发卡银行的审查较为严格。若要借助于信用卡提升信用形象，可以选择持有一些审查条件严格的品牌信用卡
持高额度信用卡	持卡人的资信情况主要由信用卡的信用额度决定，金卡、白金卡的信用额度高于普卡，所以金卡、白金卡是一种高信用度的象征，也是个人信用良好的体现
持多家银行信用卡	不同发卡银行、不同信用卡具有不同的增值服务，持有多张信用卡可以满足各种需求。另外，多张信用卡可以错开账单日，以获取更长的免息还款期
持联名信用卡	联名信用卡是指信用卡和商品经销商达成协议，使持卡人在进行消费时，不仅能享受到良好的金融服务，而且可以享受到厂商的特殊优惠待遇。另外，持卡人还能极大提高自己的信用形象

5. 获得物美价廉的旅游

对于部分比较爱好旅游的用户而言，可以申领一张与旅游有关的信用卡，这样就能享受到发卡银行与商户联合推出的价格实惠、出行与住宿便捷以及性价比较高的旅游活动。

◆　信用卡出行更实惠

目前，各大发卡银行推出的航空联名卡多种多样，用户可以选择一种适合自己的航空联名卡，这样不仅能为出行省下一笔开支，还能享受到航空公司带来的贴心服务。航空联名卡除了具备普通信用卡的功能外，还可以使用信用卡积分兑换航空里程，从而享受到更多的优惠服务。

◆ 信用卡住宿有惊喜

对于外出旅游而言，住宿的舒适程度决定着整个旅游的愉快程度，这也是旅途中较大的一部分开支。因此，有些发卡银行也看准了这一点，纷纷与酒店联合推出了可以享受优惠活动的信用卡，其主要优惠信息如图 1-1 所示。

比例返现

目前，很多发卡银行会选择与旅游公司进行合作，推出在线预订酒店并在指定酒店进行消费的活动，持卡人在交易完成后可获得一定比例的现金返还。

积分回馈

持卡人在规定时间内入住指定酒店，可获得双倍或多倍积分。如浦发银行 WeHotel 联名卡，持卡人累计入住每满 15 间夜，即赠 1 间夜经济型酒店，单笔合格消费每满 16 元人民币累计 1 个 WeHotel 积分。

节日促销

发卡银行为鼓励持卡人刷卡消费，会在某些特定节假日推出一些促销优惠活动，甚至是直接减免返还现金。

贵宾服务

持卡人持酒店联名卡到指定的酒店进行刷卡消费，除了可以获得相应积分外，还能享受酒店贵宾礼遇的服务。

图 1-1 信用卡住宿的常见优惠

1.3.2

选择适合自己的信用卡

目前，信用卡市场的竞争越来越激烈，各发卡银行也推出了满足用户日常需求的各类信用卡，方便用户选择出适合自己的信用卡。

1. 航空联名信用卡

航空联名卡是指发卡银行与航空公司联合发行的信用卡，不仅具备普通信用卡的功能，还能累积航空里程。在使用航空联名卡进行消费时，可以将积累的消费积分兑换成里程积分，从而加速积累里程积分。例如，中国银行东航联名信用卡、中国建设银行凤凰知音深航龙卡等，如图1-2所示。

图1-2　航空联名信用卡卡样

当航空联名卡的里程达到指定里程数时，持卡人可以兑换免费机票、获得高昂航空保险、免费升级舱位、免费机场停车以及免费使用机场贵宾室等。

其实，大部分的航空联名信用卡都可以积累里程，对于经常乘坐飞机的持卡人而言，使用航空里程可以抵消部分机票费用，所以了解航空里程的兑换比例就显得比较重要。

2. 酒店联名信用卡

酒店联名信用卡是发卡银行与一些大型酒店联合发行的一种信用

卡，持卡人使用酒店联名卡在指定酒店进行消费时可享受相应的优惠。例如，中信银行 IHG 优悦会联名卡、中国民生银行香格里拉联名信用卡等，如图 1-3 所示。

图 1-3 酒店联名信用卡卡样

若持卡人想要预订比较优惠的酒店，同时享受各种增值服务，就需要密切关注各大酒店推出的信用卡消费的促销活动。例如，许多酒店会推出节假日大酬宾的折扣活动。

3. 百货联名信用卡

百货联名卡是指发卡银行与零售商、百货公司等百货销售企业联合发行的信用卡。持卡人使用百货联名卡到联名商户进行刷卡消费时，商家就会根据消费金额给予持卡人相应的积分，在特定的日期购买指定商品还可能享受到双倍积分。另外，当信用卡积分达到一定分数后，还可以兑换礼品。例如，中国建设银行中华百货联名信用卡、兴业银行大洋百货联名信用卡等，如图 1-4 所示。

图 1-4 百货联名信用卡卡样

其实，持有百货联名卡相当于持有商户的 VIP 卡，在商户中购买指定的商品时，商家规定只有使用百货联名卡才能享受到优惠，而使用现金或其他支付方式将无法享受到优惠。另外，使用百货联名卡还能享受商户提供的免费停车、贵宾专享活动等服务。

4. 女性信用卡

女性永远是商家特别重视的消费群体，就连发卡银行对女性群体也是青睐有加。因此，许多发卡银行将目光锁定在了女性身上，发行了多种风格的女性信用卡。例如，中国民生银行女人花信用卡、广发银行真情卡等，如图1-5所示。

图1-5　女性信用卡卡样

目前，女性信用卡除了具备普通信用卡的消费理财功能外，还专注于对"品位""时尚"的追求，针对女性的消费能力、习惯及需求提供了多种个性化服务，如品牌商户的折扣优惠、生活资讯以及健康关怀等。

5. 车友信用卡

随着人们生活水平的不断提高，汽车已经成为人们生活需求中的重要组成部分。另外，人们对汽车的服务要求也越来越高，针对这些服务要求，许多发卡银行与汽车经销商、汽车保养商户联合推出了车友信用卡。该信用卡为车友们提供了许多细致入微的服务，例如，交通银行永达汽车信用卡、兴业银行金盾石化DIY信用卡等，如图1-6所示。

图1-6 车友信用卡卡样

俗话说"买车容易，养车难"，但车友信用卡不仅提供了多种优惠服务活动，如免费洗车、加油折扣以及高速路通行自动扣费等，还有许多发卡银行与保险商户联合推出了意外保险类的服务。

6. 学生信用卡

随着信用卡业务的快速发展，许多高校已经普及信用卡，高校学生想要申请一张普通信用卡容易了很多。许多发卡银行为了获得高校学生这个青年客户群体，发行了一些具有特殊功能的信用卡，即学生信用卡。例如，中国建设银行龙卡JOY信用卡、兴业银行MAX+信用卡 金卡（银联）等，如图1-7所示。

图1-7 学生信用卡卡样

学生信用卡是在普通信用卡原有的功能基础之上添加了许多适合青年学生特点与需求的特色功能，如点滴回馈母校、就业指导以及留学生境外消费等。

7. 特色主题信用卡

信用卡不仅可以刷卡消费，还具有某些特殊意义和收藏价值，许多发卡银行推出了一些结合历史文化或热门事物的主题信用卡。例如，国宝系列·掐丝珐琅缠枝花纹盏托标准白金卡（银联）、樱桃小丸子花季卡等，如图 1-8 所示。

图 1-8　特色主题信用卡卡样

百科链接　*其他类型的信用卡*

除了前面介绍的几种信用卡类型外，还有两种比较常见的信用卡，分别是休闲娱乐联名信用卡和旅游信用卡。

其中，休闲娱乐联名信用卡是发卡银行与大型休闲娱乐场联合发行的信用卡，使用该信用卡在指定休闲娱乐场所进行消费时，能够享受到更多的优惠和更好的服务，如招商银行万达影城联名卡、交通银行哈根达斯信用卡等。

随着旅游市场的持续升温，各发卡银行也针对旅游人群推出了旅游信用卡。用户可以根据对旅游景点的偏好进行选择，因为许多发卡银行都有针对特定景区的旅游信用卡。

1.3.3
信用卡申请的五大途径

随着信用卡业务的不断完善，信用卡申请的途径也越来越多，从而使得信用卡的申请变得更加方便。信用卡的申请途径主要有 5 种，分别是银行网点柜面、流动摊点、网上银行、手机移动端和预约上门，其具体介绍如表 1-8 所示。

表1-8 五大信用卡申请途径介绍

申请方式	优点	缺点
银行网点柜面（传统）	①由于这种申请方式需要到发卡银行进行办理，所以相对比较安全；②填写的资料比较详尽，可以免去后续的一系列麻烦，若有任何疑问也可以及时咨询银行工作人员，避免各种问题	①因为用户填写的申请资料需要由银行网点转送到信用卡中心进行审核，所以审批的速度较慢，通常需要10～20个工作日才能得到结果；②在银行网点办理业务还需要排队，耽搁较长时间
流动摊点（古老）	①通常情况下，在流动摊点办理信用卡可以获得各式各样的礼品，如行李箱、保温杯以及充电宝等；②流动摊点的工作人员比较热情，会主动介绍各种信用卡的特点	①由于流动摊点处于公共场所，所以环境比较杂乱。由于办卡需要，工作人员会要求用户在公共场所拍照，用户可能会觉得尴尬；②审批速度同样较慢
网上银行（流行）	①用户只需要进入银行官网页面，根据提示输入各类资料即可申请，操作比较便捷；②信用卡产品十分齐全，每种产品都会有详细的介绍；③输入的资料会很快上传至银行信用卡中心，所以审批速度较快，通常5～10个工作日即可查询结果	通过该方式核发到手的信用卡，无法直接通过电话和网络进行激活。也就是说，用户拿到信用卡后，还需要带着卡片和有效证件去就近的发卡银行网点办理"面签"
手机移动端（新兴）	手机移动端是指部分电商APP，如下载支付宝和京东金融APP，成功登录后即可查询自己的信用分，再找到相关申办信用卡的页面即可进行申请，此方式10分钟内即可得知初审结果	①可申请的信用卡种类十分有限，通常不超过3种；②该方式核发到手的信用卡，必须去银行办理"面签"才能激活
预约上门（方便）	①通过银行官网、APP或者电话即可预约，银行工作人员会按时上门进行办理，可选卡种齐全，疑问可当面得到解答；②无须去银行"面签"，通过电话或网络即可激活卡片	①审批速度不如网上银行和手机移动端，与银行网点办卡相当；②只有部分发卡银行提供该项服务，如招商银行、广发银行及中信银行等

从上表中可知，五大信用卡申请途径各有优缺点，用户可以根据自己的实际情况进行选择，下面以网上银行申请信用卡为例进行介绍。

打开浏览器，在地址栏中输入交通银行信用卡中心的网址（https://creditcard.bankcomm.com/"），按【Enter】键进入交通银行信用卡中心页面，单击"我要办卡"按钮，然后在打开的页面单击"立即申请"按钮。如图 1-9 所示。

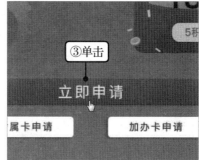

图 1-9　进入信用卡中心

在打开的页面中设置您的姓名、所在城市、证件类型和证件号码，单击页面右上角的"更多选择"按钮。如图 1-10 所示。

图 1-10　填写个人资料

在打开的"选择卡产品"窗口中单击"申请此卡"按钮，返回到信用卡申请流程页面中，选中同意申请交通银行信用卡的相关要求复选框，单击"确认以上信息"按钮。如图 1-11 所示。

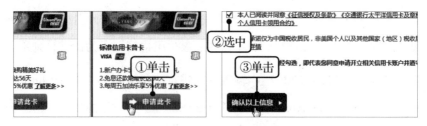

图 1-11　选择目标信用卡

　　在打开的"基本个人信息"栏中输入手机号码，并将手机收到的验证码填入"获取验证码"文本框中，输入电子邮箱地址，单击"下一步"按钮。然后在"工作及其他信息"栏中输入工作信息，单击"下一步"按钮。如图 1-12 所示。

图 1-12　设置个人基本信息和工作信息

　　在"自选服务项目"栏设置交易密码的方式和自动转账还款业务，然后选中页面中相应的复选框，同意开通增值服务和信用保障服务，然后单击"下一步"按钮。最后在打开的页面中检查个人信息无误后，单击"提交"按钮即可完成信用卡的申请。如图 1-13 所示。

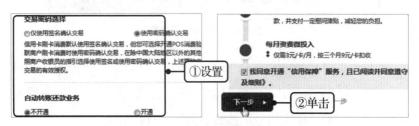

图 1-13　设置自选服务项目并完成操作

1.3.4

信用卡的领取过程

完成信用卡的申请后，申请人可以在一个星期后致电信用卡服务中心或者通过网上银行查询信用卡的申请情况。若是信用卡申请成功，那么申请人只需要耐心等待发卡银行寄送信用卡即可。

1. 查询信用卡的申办进度

不管通过何种途径申请信用卡，申请人都可以对信用卡的申办进度进行查询。目前，多数发卡银行都提供了信用卡申办进度查询功能，常见的查询方式有 4 种，分别是拨打信用卡服务热线、登录官方网站、手机银行客户端和微信服务公众号，其具体介绍如表 1-9 所示。

表 1-9　4 种查询信用卡申办进度的方法

查询方式	内容
拨打信用卡服务热线	拨打各大银行信用卡中心的电话，是最原始的查询方法。以前还需要转接到人工进行查询，现在大部分发卡银行可以通过语音自助查询。通常情况下，申请进度分为 3 种情况，分别是"审核中""成功通过审核""很抱歉，未通过审核"
登录官方网站	登录官方网站查询主要分为两种情况：部分银行有专门的信用卡网站，输入姓名和身份证号码即可查询；部分银行必须有注册的银行卡，需要登录后才能在信用卡版块进行查询
手机银行客户端	目前大部分发卡银行的手机银行可以查询信用卡的相关信息。例如，中国工商银行信用卡，从申请提交后的第 2 天开始，手机银行中查询的信息每天都会进行更新
微信服务公众号	目前，几乎所有的银行信用卡都有专门的微信服务公众号，在里面不仅可以申请信用卡，还能查询信用卡的申请进度。不过，并不是所有银行的微信服务公众号都能查询申请进度，如中国建设银行、中国工商银行等发卡银行只能通过手机银行或官方网站进行查询

2.信用卡领取签收

当申请人的信用卡申请成功后，发卡银行会向申请人核发信用卡卡片。信用卡卡片寄送到指定的地址后，申请人需要亲自去领取信用卡。

通常情况下，信用卡会核发到两个地方，分别是发卡银行的指定网点或申请人的账单地址。如果邮寄的地址是发卡银行指定的网点，那么申请人需要出示身份证以及信用卡领取通知书领取卡片；如果邮寄的地址是申请人的账单地址，那么快递人员会要求申请人出示身份证并签字确认，才会将信用卡信函转交给申请人。

通常情况下，发卡银行邮寄的信用卡信函中包含信用卡卡片及使用说明书。其中，信用卡说明书中会详细介绍该信用卡的信用额度、取现额度、卡片有效期、账单日、到期还款日以及信用卡的激活方式等，如图 1-14 所示。

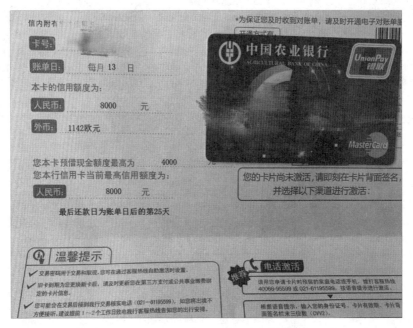

图 1-14　农业银行信用卡与信用卡说明书

1.3.5

快速激活信用卡

为了确保信用卡能安全送到申请人手中，发卡银行在信用卡正式使用前设置了信用卡激活程序。因此，申请人在领取到信用卡后，就需要及时对信用卡进行激活，该过程发卡银行会再次对申请人的资料进行验证。如果信用卡激活成功，申请人就可以对信用卡进行刷卡消费、取现及其他操作。

通常情况下，发卡银行会为申请人提供多种信用卡激活方式，如果申请人到发卡银行的网点领取信用卡，那么工作人员会帮忙激活信用卡；如果是直接邮寄给申请人，那么申请人可以通过表 1-10 所示的方式进行激活。

表 1-10　信用卡激活的多种方式

激活方式	介绍
银行营业网点激活	该方式是最省心的一种激活方式，在申请人领取到信用卡信函后，携有效身份证、信用卡卡片及密码函到就近发卡银行营业网点进行信用卡激活。若是在发卡银行信用卡中心取卡（非邮寄），则可以当场开卡。营业网点激活信用卡会有工作人员指引，填写资料后交予工作人员即可
银行信用卡客服电话激活	该方式是最简单的一种激活方式，申请人在申请信用卡时会预留手机号，使用银行预留的手机号码接入客服热线进行开卡，其具体操作是：①拨打信用卡背面的 24 小时客户服务热线，输入持卡人的卡号及查询密码；②根据语音提示，选择信用卡激活，然后就可以成功激活
网上银行激活	虽然各发卡银行的信用卡官方网站都不相同，但信用卡网上激活的方式相似，其具体操作是：①登录发卡银行信用卡的网银页面，输入卡号和查询密码；②登录成功后，需要修改信用卡的查询密码，并重新登录；③单击"信用卡激活"按钮，输入信用卡签名栏上的最后 3 位数字及电话；④激活成功后根据提示输入 6 位数字作为信用卡的交易密码；⑤设置成功后，信用卡的交易模式将变更为密码 + 签名的方式

其实，除了前面 3 种比较常用的信用卡激活方式，还有一些比较实用又简便的信用卡激活方式，如手机短信激活、手机浏览器激活以及微信服务公众号激活等。

例如，激活中信银行信用卡，可直接使用手机（银行预留手机号码）编辑短信（移动、联通、电信持卡人均可）"KK+ 卡号末 4 位 + 家庭电话末 4 位"（如 KK88881234），或者"KK+ 卡号末 4 位 + 身份证号末 6 位"（如 KK8888123456），发送至 106980095558 即可成功激活。

1.4 动态掌管信用卡账户

随着金融科技的快速发展，信用卡的账户管理也变得更加简单，持卡人只需要通过电脑或手机即可对自己的信用卡账户进行动态管理，如更改个人资料、定制消息服务、设置交易限额以及信用卡挂失等。下面介绍通过网上银行来动态管理招商银行的信用卡账户。

1.4.1
个人资料变动及时修改

随着移动互联的兴起，手机银行也随之诞生，以前修改个人资料必须去银行排队办理，现在通过手机即可完成。下面以修改邮件地址为例进行具体介绍。

通过手机下载并安装招商银行信用卡 APP，然后运行该程序。在打开的页面下方点击"我的"按钮，点击"注册 / 登录"按钮。进入到账户登录页面，输入手机号码和登录密码，点击"下一步"按钮完成登录。如图 1-15 所示。

图 1-15　登录信用卡账户

在登录页面中点击"资料管理"按钮，然后在"个人资料"页面中选择"信用卡资料管理"选项。如图 1-16 所示。

图 1-16　进入资料管理页面

在"资料管理"页面中选择"联络信息"选项，然后在"联络信息"页面中选择"个人邮箱"选项。如图 1-17 所示。

图 1-17　进入联络信息页面

在"E-mail地址修改"页面中输入新的邮箱地址,然后点击"下一步"按钮即可完成操作。如图 1-18 所示。

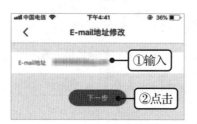

图 1-18　修改邮箱地址

1.4.2

手机银行约定自动还款

信用卡透支消费后,忘记还款很容易导致个人信用的不良记录。目前,多数发卡银行都提供电话银行服务或网上查询服务,通过拨打服务电话或上网即可获得信用卡账单,了解本期的应还款金额,从而避免因 未及时收到对账单而造成还款逾期的情况发生。

其实,很多发卡银行都开通了信用卡的约定账户还款功能,发卡银行会在还款日的当天,自动从持卡人个人的结算账户中扣除信用卡欠款，这样就能避免信用卡账单逾期。现在约定自动还款的操作比较简单，只要利用手机银行即可完成。

登录招商银行信用卡手机银行，在主页面中选择"查账还款"选项，然后点击"预约还款"按钮，如图1-19所示。

图1-19　进入查账还款页面

在还款管理页面中选择"人民币未设置"选项，然后设置还款方式、还款周期和还款日期，在"扣款顺序"栏中选择"未设置"选项。如图1-20所示。

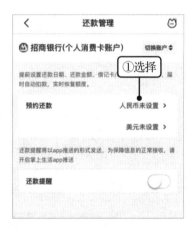

图1-20　设置预约还款

在列表中选中结算账户选项，或者添加新的还款银行卡，点击"下一步"按钮，然后依次点击"确认"按钮即可完成。如图1-21所示。

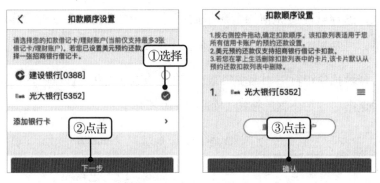

图 1-21　设置结算账户

1.4.3

足不出户挂失信用卡

当持卡人的信用卡损坏或者丢失后，可以进行自助挂失。自助挂失是指持卡人可以对自己的网上银行或电话银行注册卡、下挂卡或下挂账户进行临时挂失，从而保证资金安全。

通过"http://cc.cmbchina.com/"网址进入招商银行信用卡主页面，单击"网上银行登录"按钮。在打开的页面中单击"安装安全登录控件"按钮，然后单击"保存文件"按钮下载插件，如图 1-22 所示。

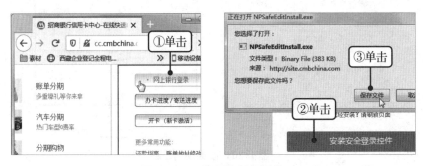

图 1-22　下载网上银行插件

插件安装完成后刷新一下页面，在页面中输入信用卡账号与登录密码，单击"登录"按钮。在打开的页面中获取验证码，输入短信验证码，然后单击"确定"按钮。如图 1-23 所示。

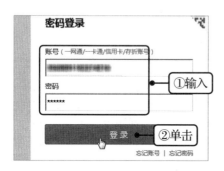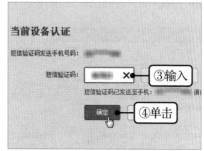

图 1-23　登录网上银行

进入网上银行主界面，在菜单栏中单击"卡片管理"菜单项，选择"卡片毁损补发"命令。在打开的页面中设置信用卡账户、寄送地址、补发的信用卡以及取卡方式，然后单击"确定"按钮，如图 1-24 所示。

图 1-24　卡片毁损补发

1.4.4

设置信用卡交易限额

在使用信用卡时，为了确保账户的资金安全，可以设置交易限额来限制信用卡的交易额度。

登录招商银行信用卡网上银行，在菜单栏中单击"卡片管理"菜单项，选择"卡片额度调整"命令。在"卡片额度调整"栏中单击"设置"超链接，如图 1-25 所示。

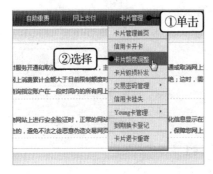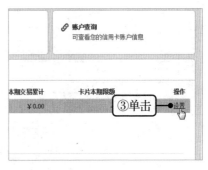

图 1-25　进入卡片额度调整页面

在打开的页面中输入本期限额，单击"确定"按钮，在打开的提示对话框中单击"确定"按钮即可完成操作，如图 1-26 所示。

图 1-26　设置卡片本期限额

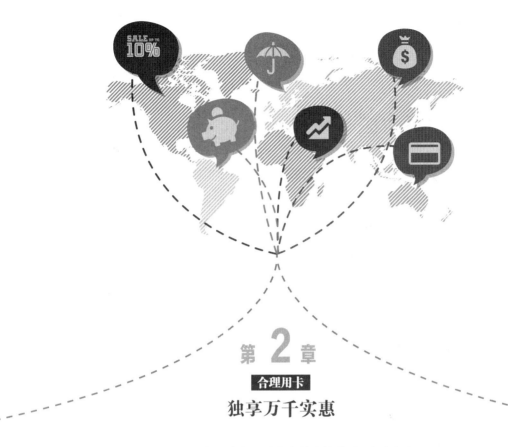

第 2 章

合理用卡

独享万千实惠

目前，信用卡行业的竞争越来越激烈，各大银行也相继推出了各种增值服务，刷卡免年费、刷卡享积分等优惠活动。作为持卡人，也应当适时抓住机会，学好用卡技巧，让信用卡为自己省钱，甚至赚钱。

2.1 查询余额、账单和积分

随着互联网的发展，信用卡的操作也从传统柜台转移到了网上银行与手机银行，网上银行与手机银行几乎可以帮助持卡人完成大部分与信用卡有关的操作，如余额查询、账单查询以及积分查询等。对持卡人而言，通过网上银行对信用卡进行管理，可以使信用卡的使用变得更加快捷、方便。

2.1.1
查看信用卡还剩多少钱

目前，使用信用卡的人越来越多，如果持卡人经常使用信用卡进行消费，那么就需要经常查询自己的信用卡账户余额。查询信用卡账户余额的方式有很多，如网上银行查询、电话查询、短信查询以及微信查询，下面就以招商银行网上银行查询余额为例讲解相关操作。

登录招商银行信用卡网上银行，在菜单栏中单击"账户管理"菜单项，选择"账户查询"命令，然后在打开的页面中可以查看到信用额度与可用额度，如图 2-1 所示。

图 2-1　查询信用卡额度

百科链接 *信用卡额度的其他查询方式*

虽然信用卡额度查询的方式有很多，但网上银行、微信与电话查询都需要输入完整的卡号和密码，柜台查询还需要携带身份证去银行网点办理。其实，有一种非常便捷的信用卡余额查询方式，即短信查询，几大主要发卡银行短信查询内容如表2-1 所示。

表 2-1 短信查询信用卡余额

发卡银行	内容
中国建设银行	使用预留手机编辑短信 "CCYE# 卡号末 4 位"，发送至 95533 即可
中国银行	使用预留手机编辑短信 "XYKZMYE# 卡号后四位 #CNY"，发送至 95566 即可
招商银行	使用预留手机编辑短信 "#ED"，发送至 1065795555（移动用户）或 95555（联通、电信用户）即可
兴业银行	使用预留手机编辑短信 "30××××"（×××× 为信用卡卡号末四位），发送至 95561 即可
广发银行	使用银行预留手机编辑短信 "400+ 卡号末四位"，发送至 95508 即可
中信银行	使用银行预留手机编辑短信 "YE+ 卡号末四位（如：YE8888）"，发送至 106980095558 即可
华夏银行	使用预留手机编辑短信 "YE+ 卡号末四位"，发送至指定号码即可。其中，移动用户：106575257489095577；联通用户：106550571609095577；电信用户：10659057110009095577
中国工商银行	使用预留手机编辑短信 "CXYE# 卡号 # 密码器动态密码或短信银行密码"，发送至 95588 即可
浦发银行	使用预留手机编辑短信 "ZDCX+ 空格 + 信用卡末四位"，发送至 95528 即可
交通银行	使用预留手机编辑短信 "CC 余额 # 卡号末 4 位"，发送至 95559 即可
中国农业银行	使用预留手机编辑短信 "CCYECX# 卡号后四位"，发送至 1069095599 即可

2.1.2
查看本期信用卡消费情况

信用卡消费后是必须要还款的，但是很多持卡人可能不是很清楚自己的消费情况，此时就需要查询账单明细，下面就以网上银行查询账单明细为例讲解相关操作。

登录招商银行信用卡网上银行，在菜单栏中单击"账户管理"菜单项，选择"账户查询"命令，然后在打开的"还款信息"栏中单击"查看账单"超链接。如图2-2所示。

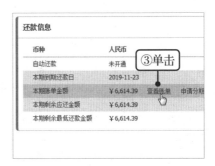

图 2-2　查看账单

在"查询结果"栏中的本期账单列后单击"账单明细"超链接，即可查询到本期信用卡的消费情况。如图2-3所示。

图 2-3　查看本期信用卡的消费情况

> **百科链接**　*查看历史消费记录*
>
> 　　持卡人不仅可以查询本期消费情况，还可以对历史消费记录进行查询，其具体操作如下：进入招商银行信用卡网上银行的查看账单页面，在查询结果页面中可以查看到多期账单，选择某个历史账单，单击其后的"账单明细"超链接即可。如图 2-4 所示。

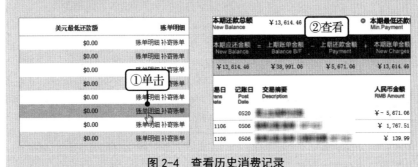

图 2-4　查看历史消费记录

2.1.3
查询积分别浪费

　　使用信用卡刷卡消费会积累很多积分，如果不及时使用就会有过期的可能，因为不是所有银行的积分都是永久的。而许多持卡人都不知道如何查询自己的信用卡积分，此时可以通过如表 2-2 所示的方法进行自助查询。

表 2-2　短信查询信用卡余额

发卡银行	查询方法
中国工商银行	①网上银行查询：登录工商银行信用卡网上银行，选择"客户服务 / 积分服务 / 积分查询"选项即可查询。 ②电话查询：拨打电话 95588，然后转人工服务即可查询。 ③短信查询：使用预留手机编辑短信"CXJF# 卡号或账号 # 密码器动态密码或短信银行密码"，发送至 95588 即可。

续上表

发卡银行	查询方法
中国工商银行	④对账单查询：通过每月的对账单可以查询信用卡的积分情况（对账单上的积分是截至上一个账单日的积分值，可能比网上查询到的积分要少）。 ⑤兑换网点查询：在兑换信用卡积分的网点即可查询。 ⑥手机银行查询：登录手机银行，选择"惠生活"选项即可
中国农业银行	①网上银行查询：登录中国农业银行网上银行，即可查询本账户的积分余额。 ②电话查询：拨打电话4006695599/021-61195599/4006195599，即可查询账户级或客户级积分余额。 ③短信查询：使用预留手机编辑短信"CCJFKH"，发送至1069095599即可查询客户级积分余额。或者编辑短信"CCJFZH#卡号末四位"，发送至1069095599即可查询账户级积分余额。 ④对账单查询：每期对账单上可查询本账户本账单周期的新增积分、兑换积分以及截至账单日前一日的积分余额。 ⑤微信查询：微信关注"中国农业银行信用卡"，绑定中国农业银行信用卡后，选择"积分查询/积分兑换"选项即可查询。 ⑥指定商户查询：至中国农业银行积分消费合作商户POS机上即可查询
中国银行	①网上银行查询：登录中国银行积分365网站，即可查询尊享积分及交易积分。 ②电话客服查询：拨打电话40066-95566，即可查询积分。 ③手机银行查询：登录中国银行手机银行，选择"我的"选项，即可查看可用尊享积分数。 ④短信查询：使用预留手机编辑短信"17#卡号后四位"，发送至95566即可查询
中国建设银行	①网上银行查询：登录个人网上银行系统，选择账单周期查询即可。 ②电话查询：拨打电话008200588，按语音提示进行查询。 ③短信查询：使用预留手机编辑短信"114"，发送至95533。 ④对账单查询：每个月账单明细上有信用卡积分情况。 ⑤微信查询：微信关注"中国建设银行"，绑定中国建设银行信用卡即可查询
招商银行	①手机银行查询：下载并绑定招商银行信用卡官方客户端"掌上生活"，选择"卡·支付/积分查询"选项即可。

续上表

发卡银行	查询方法
招商银行	②手机官方网站查询：登录招商银行信用卡手机网站，选择"我的账户 / 我的积分"选项即可。 ③网上银行查询：登录招商银行信用卡网上银行，选择"积分管理 / 积分查询"选项即可。 ④对账单查询：每期账单上显示截至上个自然月末的可用积分。 ⑤微信查询：微信关注"招商银行信用卡官方微信"，选择"查账 / 查积分"选项即可。 ⑥商户查询：可以在指定积分店面兑换商户积分的 POS 机上查询可用积分
交通银行	①网上银行查询：登录交通银行网上银行，选择"积分管理 / 积分查询"选项即可。 ②电话查询：拨打电话 400-800-9888，即可查询信用卡积分。 ③短信查询：使用预留手机编辑短信"cc 积分 # 卡号末 4 位"，发送至 95559，即可查询卡片的可用积分及最近一次即将到期的积分。 ④对账单查询：每月信用卡账单上，显示截至账单日已完成清算的消费交易而累积的积分总额及近三个月即将到期的积分。 ⑤微信查询：微信关注"交通银行信用卡"，绑定交通银行信用卡即可查询。 ⑥积分乐园查询：进入积分乐园首页，选择"我的账户"选项，通过信用卡卡号、邮箱地址或手机号码进行登录，选择"积分管理 / 信用卡积分"选项，即可查看到已关联的信用卡积分
中国光大银行	①网上银行查询：登录中国光大银行信用卡网上银行，选择"信用卡 / 积分兑换"选项，即可查询心仪礼品及积分账户信息。 ②电话查询：拨打电话 95595，然后选择人工服务即可查询。 ③对账单查询：每月对账单上会显示推荐积分兑换礼品及持卡人积分汇总信息。 ④ ATM 自助设备查询：使用光大银行 ATM 自助设备即可查询
兴业银行	①网上银行查询：登录兴业银行信用卡中心即可查询。 ②电话查询：拨打电话 95561，按 1（信用卡业务），然后按 5（积分查询），根据语音提示操作，即可查询当前积分。 ③短信查询：使用预留手机编辑短信"30××××"（××××为信用卡卡号末四位），发送至 95561。 ④对账单查询：可以在每期对账单上查询到本账单周期的新增积分、兑换积分、调整积分以及截至账单日的累计积分

2.2 准时还款有诀窍

虽然持卡人可以使用信用卡提前消费，但毕竟不是自己的钱，用完还是要还给发卡银行的，如果到期没有偿还，不仅发卡银行有权收取相应的利息，持卡人的个人征信也会受到影响。

2.2.1
挑选最轻松的还款方式

持卡人收到发卡银行的账单后，就需要在发卡银行规定的还款日前向信用卡账户中还清欠款。目前，大多数发卡银行为了避免持卡人因无法及时到柜台还款造成逾期，为持卡人提供了多种信用卡还款方式，持卡人可以选择最方便的一种进行还款。

1. 营业网点柜台还款

持卡人在信用卡本期账单的最后还款日前，到发卡银行的营业网点向柜台工作人员提出信用卡还款申请，并提交信用卡卡片和现金，然后配合工作人员完成还款，完成后即可恢复信用额度。

在柜台办理信用卡现金还款与向借记卡中存入现金是一样的，对于小额找零，发卡银行通常不会单独进行处理，而是直接将其存入信用卡中。例如，持卡人当期账单金额为 2599.75 元，而持卡人向柜台工作人员递交了 2600 元，那么柜台工作人员将不会为持卡人找零，而是将 2600 元现金直接存入信用卡中，多余金额将用于抵扣下一期账单。

柜台还款是最安全的一种还款方式，且还款金额实时到账，即便是持卡人在最后还款日去还款，也不用担心信用卡会逾期。不过，由于发卡银行的业务窗口有限，如果办理业务的用户较多，柜台还款需要排队等待的时间较长。因此，柜台还款方式比较适合闲暇时间较多、不会操作 ATM 机转账还款的持卡人。

要点提示

持卡人到银行网点办理信用卡还款业务时，若是忘记携带信用卡卡片，也可以进行信用卡还款，只需要在表格中填写正确的信用卡卡号即可还款，且没有手续费。

2. 关联借记卡自动还款

如果持卡人同时拥有一个发卡银行的信用卡与借记卡，并通过柜台或网上银行将借记卡与信用卡设置为关联还款，则可以对信用卡进行自动还款，因为发卡银行会在设置的还款日期从关联的借记卡中转出关联信用卡当期应还的账单金额。

目前，几乎所有的信用卡都支持借记卡自动还款。不过，使用该方式还款必须要确保借记卡中有足够的金额，不然就会还款失败。

如果持卡人的信用卡与借记卡都开通了网上银行功能，则可以在信用卡的网上银行中将借记卡关联起来，并设置自动还款功能，下面以中国光大银行信用卡为例介绍相关操作。

打开浏览器，在地址栏中输入中国光大银行信用卡中心的网址（https://xyk.cebbank.com/），进入中国光大银行信用卡中心，单击"登录"按钮。在打开的登录页面中输入卡号 / 身份证号、验证码，单击"获取动态密码"按钮。如图 2-5 所示。

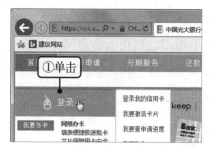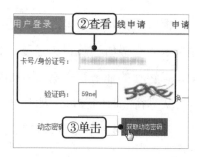

图 2-5　获取手机动态密码

在"动态密码"文本框中输入手机动态密码，单击"登录"按钮。登录光大信用卡个人账户之后，在菜单栏中单击"还款服务"菜单项，单击"跨行自动还款设置"超链接。如图 2-6 所示。

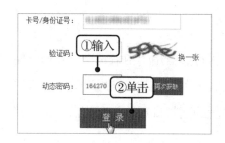

图 2-6　登录信用卡账户

进入跨行自动还款设置页面中，在需要设置关联借记卡的信用卡选项后单击"签约状态查询"超链接。然后单击需要设置的信用卡选项后的"签约"按钮。如图 2-7 所示。

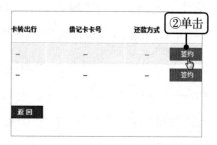

图 2-7　签约借记卡

在打开的页面中设置签约的信用卡账户币种、借记卡转出行、输入借记卡卡号、选择还款方式，并同意相关条款，单击"确定"按钮，然后按照页面提示进行操作即可。如图 2-8 所示。

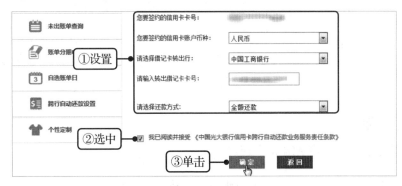

图 2-8 设置签约信息

3. 通过 ATM 机转账还款

ATM 机（自动柜员机）是一种便捷的银行金融业务服务终端，持卡人使用信用卡可以在 ATM 机上完成取现、转账等业务。因此，在 ATM 机上可以直接存入现金还款或通过同一发卡银行的借记卡转账到信用卡中还款。还款成功后，信用卡的额度即可即时恢复。

除此之外，持卡人还可以跨 ATM 机转账还款，跨行转账分为同城跨行转账和异地跨行转账两种形式，不过跨行转账会收取相应跨行操作费用。同时，到款时间也没有在同行 ATM 机上快。

与发卡银行的营业网点比较，发卡银行在各个区域安装的 ATM 机要多于设立的营业网点。如果持卡人持有同一家发卡银行的信用卡与借记卡，且周围有发卡银行的 ATM 机，则可以直接通过 ATM 机转账还款，该还款方式的安全性也比较高。使用 ATM 机转账还款和现金还款的常规流程如表 2-3 所示。

表 2-3　ATM 机还款的常规流程

还款方式	操作流程
转账还款	①插入借记卡；②选择界面语言；③输入取款密码；④选择转账业务；⑤输入信用卡卡号；⑥输入转账金额；⑦确认转账信息；⑧完成还款
现金还款	①插入信用卡；②选择界面语言；③输入取款密码；④选择存款业务；⑤放入现金并验钞；⑥确认金额；⑦再次确认信息；⑧完成还款

案例

尽可能提前 3 天在 ATM 机上还款

在 2018 年国庆期间，杨小姐因出去旅游使用信用卡透支了一笔钱。在账单的最后还款日当晚，杨小姐才想起来需要偿还信用卡，于是通过发卡银行的 ATM 机向信用卡账户中存入了还款金额。

11 月初，杨小姐致电发卡银行的信用卡中心查询账户情况时，被告知上一期账单超过还款日 4 天产生了一笔 320 元的利息。而杨小姐觉得自己在账单规定的最后还款日当天通过 ATM 机进行了还款，这笔利息不能算在她的头上，于是要求发卡银行减免这笔利息。

在杨小姐的再三要求下，发卡银行的客服人员答应向上级领导汇报实际情况，不过最终还是没有被批准。对于这个处理结果，杨小姐并不是很满意，所以也就没有归还 320 元的利息。结果下一期账单出来后，杨小姐发现账单中又多出了 100 多元的利息，为上期账单中没有清偿的利息产生的利息。

虽然发卡银行鉴于杨小姐通过 ATM 机还款导致到账逾期，减免了第二次产生的 100 多元的利息，但第一次逾期还款后产生的利息仍需要杨小姐自行承担。

由此可知，使用 ATM 机还款时可能会延迟到账，并使持卡人产生罚息。也就是说，信用卡的还款方式虽然有很多种，但并不是所有还款方式都是实时到账。因此，持卡人要慎重选择信用卡还款方式，并尽量在最后还款日的前 3 天进行还款，从而有效避免因逾期还款而产生罚息。

4. 网上银行转账还款

目前，几乎所有的发卡银行都为借记卡开通了网上银行业务，持卡人只需要登录网上银行即可向信用卡账户内转入资金，从而达到偿还信用卡账单的目的。若是借记卡转账到同行信用卡中，通常会免收手续费，但转账到他行信用卡中，则可能会收取相应的手续费。

不同发卡银行的网上银行功能存在区别，操作方法也稍有差异，但是只要该发卡银行发行信用卡，就能在其网上银行中找到关于信用卡的还款页面，从而可以快速对信用卡进行还款，以中国光大银行网上转账为例来介绍相关操作。

进入中国光大银行的网上银行（http://www.cebbank.com/）页面，单击"登录"按钮。在个人用户登录页面中输入登录名或账号、登录密码，然后单击"登录"按钮登录网上银行。如图 2-9 所示。

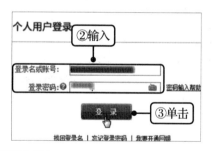

图 2-9　登录网上银行

按提示获取动态密码，在"手机动态密码"文本框中输入手机收到的动态密码，单击"确定"按钮。进入信用卡个人网上银行中，在主页面的"现在我要"栏中单击"还信用卡"超链接。如图 2-10 所示。

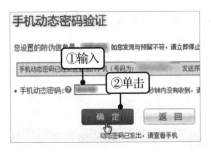
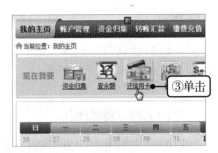

图 2-10　输入手机动态密码

在打开的信用卡还款页面中设置信用卡卡号、转入币种、转出账号、转出币种、转账金额和转出账号密码,单击"下一步"按钮,然后确认信息无误后单击"提交"按钮。信用卡还款成功以后,即可跳转到交易成功页面中。如图 2-11 所示。

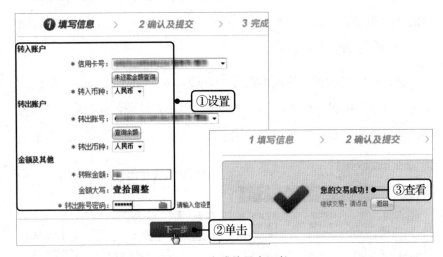

图 2-11　完成信用卡还款

5. 电话银行转账还款

电话银行是发卡银行提供给持卡人,用来拨打指定电话查询借记卡账户信息、完成转账支付以及其他金融业务的一种服务。这样持卡人就可以不用去银行,只需要通过拨通电话银行的电话号码,就能得到电话银行提供的服务，如利率查询、往来交易查询等。对银行而言，当银行增加了该种业务后，可以提升服务质量，增加用户，给银行带来较好的经济效益。

如果持卡人的借记卡开通了银行自助转账服务，则可以使用银行的预留电话拨打发卡银行的服务电话，使用电话转账功能偿还信用卡账单。

6. 第三方支付平台转账还款

如果使用网上银行转账不太方便，那么持卡人可以借助第三方支付平台偿还信用卡，这也是比较优惠的还款方式，如使用支付宝、微信以及京东等在线支付。通常情况下，第三方支付平台不仅提供信用卡还款功能，还具有相应额度能免手续费跨行还款的服务。

不过，第三方支付平台并不是发卡机构，无法直接关联到发卡银行的系统，所以需要将资金进行一次"周转"，可能导致资金延迟到账。也就是说，如果持卡人选择第三方平台进行信用卡还款，则需要在最后还款期限的前 3 ～ 5 天进行操作。

◆　拉卡拉还款

拉卡拉是一种银联新型智能支付终端，其业务主要分为 3 个方面，分别是个人金融、生活缴费以及账户充值。其中，个人金融主要包括信用卡还款、银行卡以及转账汇款；生活缴费主要包括缴纳水电燃气费用、固定电话以及宽带费用等；账户充值主要包含手机、公交卡、支付宝与财付通等。

如果持卡人选择使用拉卡拉对信用卡进行还款，可以按照如图 2-12 所示的流程进行操作。

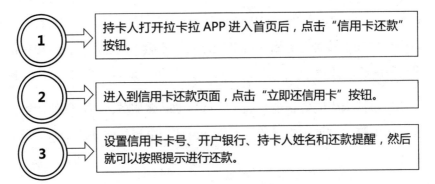

图 2-12   拉卡拉还款流程

不过，使用拉卡拉还款没有固定的到账时间，所以持卡人最好提前 3 天还款，避免信用卡还款逾期。目前，拉卡拉在国内支持大部分发卡银行的信用卡还款，如表 2-4 所示为拉卡拉支持的银行到账时间。

表 2-4   拉卡拉支持的银行到账时间

还款到账时间	发卡银行名称
实时到账	招商银行、南京银行、广发银行（不含深圳）、宁波银行、兴业银行、江苏银行、长沙银行、中信银行、平安银行（不含福建与江苏）与中国民生银行
次日到账	深圳发展银行、大连银行、浦东发展、成都农商银行与上海银行
两日后到账	中国建设银行、平安银行（福建与江苏）
一个工作日后到账	华夏银行
二个工作日后到账	中国银行、中国工商银行、花旗银行、交通银行、中国农业银行与东亚银行
三个工作日后到账	中国光大银行

◆ 支付宝还款

支付宝是国内互联网中最大的第三方支付平台，为用户提供多种金融业务，对用户的日常生活有较大的帮助，而信用卡还款则是比较常用的功能。使用支付宝不仅可以对自己的信用卡账单进行还款，还能帮他人的信用卡还款，且到账时间比较短。

目前，支付宝支持超过 38 家发卡银行的信用卡还款服务，多数发卡银行的还款能做到实时到账。而部分发卡银行则是分时间段到账，如 14:00 之前还款，当天到账，14:00 之后还款，次日到账等，具体如表 2-5 所示。

表 2-5　支付宝在线还款到账时间及查询时间

发卡银行	还款到账时间	银行查询电话	可查询时间
中国农业银行	00:00 ~ 23:30 还款：当天到账	4006695599	到账后的第二日 15:00 后可查
中国工商银行	00:00 ~ 23:30 还款：当天到账；23:30 ~ 24:00 还款：次日到账	95588	到账后的第二日 15:00 后可查
中国建设银行	00:00 ~ 15:20 还款：当天到账；15:20 ~ 24:00 还款：预计次日 24 点前到账	4008200588	到账后的第二日 15:00 后可查
中国银行	00:00 ~ 20:30 还款：当天到账；20:30 ~ 24:00 还款：次日到账	95566	到账后的第二日 15:00 后可查
招商银行	00:00 ~ 23:30 还款：当天到账；23:30 ~ 24:00 还款：预计次日 24 点前到账	4008205555	到账后的第二日 15:00 后可查
交通银行	00:00 ~ 23:00 还款：当天到账；23:00 ~ 24:00 还款：次日到账	4008009888	到账后的第二日 15:00 后可查
中国民生银行	立即到账	4006695568	最晚 15:00 后可查
浦发银行	立即到账	4008208788	还款 2 小时后可查
华夏银行	00:00 ~ 15:00 还款：当天到账；15:00 ~ 24:00 还款：预计次日 24 点前到账	4006695577	到账后的第二日 15:00 后可查
广发银行	00:00 ~ 20:00 还款：预计当天到账；20:00 ~ 24:00 还款：预计次日到账	95508	到账后的第二日 15:00 后可查

续上表

发卡银行	还款到账时间	银行查询电话	可查询时间
中国光大银行	00:00 ~ 23:30 还款：当天到账；23:30 ~ 24:00 还款：次日到账	95595	到账后的第二日 15:00 后可查
兴业银行	00:00 ~ 20:30 还款：当天到账；20:30 ~ 24:00 还款：次日到账	95561	还款成功后可查
中信银行	立即到账	95558	到账后的第二日 15:00 后可查
平安银行	立即到账	95511-2	到账后的第二日 15:00 后可查

百科链接 *财付通还款*

　　财付通是与支付宝类似的第三方支付平台，是由腾讯公司推出的专业在线支付平台，也具有信用卡还款功能，每日可允许多次还款，轻松实现跨行、跨地区的信用卡还款（免手续费），如表2-6所示。

表2-6　信用卡还款到账时间说明

还款到账时间	发卡银行	还款失败退款到账时间
实时到账	兴业银行、平安银行与中信银行	资金在 2 ~ 3 个工作日内退回财付通账户
16:30 前还款，当天到账；16:30 后还款，次日到账	中国工商银行、招商银行与交通银行	财付通在收到银行返回失败信息的两个工作日内，将资金退回到财付通账户
2 ~ 3 个工作日	中国农业银行、深圳发展银行、浦发银行、北京银行、宁波银行、南京银行、上海银行与华夏银行	
工作日 13:30 前还款，当天到账；其余时间还款，两个工作日内到账	中国银行	

◆　微信还款

与支付宝一样，微信也可以为多家发卡银行的信用卡还款，持卡人可以通过微信 APP 随时随地还款。

比较常见的就是通过微信中发卡银行的微信公众号进行还款，持卡人只需关注信用卡发卡银行的微信公众号，根据相关提示信息即可完成信用卡还款操作，以招商银行为例。

进入手机微信APP中，在搜索栏中输入"招商银行信用卡"，点击"搜索"按钮，在搜索结果中选择"招商银行信用卡"选项，然后在打开的页面中点击"关注公众号"超链接。如图 2-13 所示。

图 2-13　关注发卡银行的微信公众号

进入招商银行信用卡的微信公众号中，点击"账务·选卡"菜单项，选择"查账单 / 额度"选项。在打开的页面输入身份证号和密码，点击"登录"按钮。如图 2-14 所示。

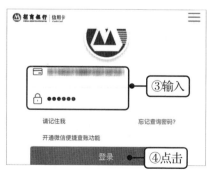

图 2-14　登录信用卡账户

将手机收到的验证码输入到"验证码"文本框中，点击"提交"按钮。此时可以查看到本月的账单，点击"还款"按钮后，按相关提示操作即可完成信用卡还款。如图 2-15 所示。

图 2-15　信用卡还款

2.2.2
合理设置信用卡的账单日与还款日

通常情况下，一张信用卡中都有几千到十几万的额度，对资金周转或是投资都是一笔较好的可用资金。不过这笔钱到底如何使用才是最划算的呢？对于部分持卡人而言，信用卡在手上用了几年，都不知道怎么用，才能做到利益最大化。

想要用好信用卡，首先得熟悉两个名词，一个是账单日，另一个是还款日。信用卡账单日是指发卡银行每月会定期对持卡人的信用卡账户当期发生的各项交易、费用等进行汇总结算，并结计利息，计算持卡人当期总欠款金额和最小还款额，并为持卡人发送对账单；信用卡还款日就是对非现金交易，从银行记账日起至到期还款日之间的日期为免息还款期，即为信用卡的还款日。

也就是说，发卡银行会在账单日告诉持卡人欠了多少钱，持卡人需要在还款日之前把钱还入信用卡账户中，通常中间会间隔40～56天。

1. 修改账单日的目的

持卡人在刚刚申领到信用卡时，信用卡有一个默认的账单日。其实很多持卡人不知道，大部分发卡银行的信用卡账单日都可以修改。修改账单日不仅能应急，还可以根据需求进行调整。

◆ 如果同时拥有多张信用卡，则需要合理管理卡片，这样才能获得更长的免息期。若是多张信用卡的账单日和还款日没有规划好，都设置在相近或重复的日期，就无法得到较长免息期，则不利于资金流动。另外，还款时间过于集中，持卡人的还款压力也较大。

◆ 如果持卡人的流动资金不足，暂时没钱还款，则可以通过修改账单日来延长还款日期。很多持卡人认为，发卡银行定下的信用卡账单日并不是很符合自己的需求。例如，发工资前需要偿还信用卡，则是一件压力较大的事情。

2. 巧妙设置还款日

如果账单日为每月的3日，还款日为每月的23日。当持卡人在11月4日刷卡消费，则可以享有最长免息期为50天。如果不止有一张信用卡，该如何更好地设置账单日呢？这就需要根据持卡人手中的持卡数量来确定。

◆ 持卡人拥有2张信用卡

如果持卡人拥有A、B 2张信用卡，当B信用卡出账单时，恰好是A信用卡的还款时间。同时，当A信用卡出账单时，也刚好是B信用卡的还款时间。这样不仅方便记住还款时间不会导致逾期，还能获得较长的免息期。

◆ 持卡人拥有 3 张信用卡

如果持卡人拥有 A、B、C 3 张信用卡，当 B 信用卡出账单时，则是 A 信用卡的还款时间；当 A 信用卡出账单时，则是 C 信用卡的还款时间。

◆ 持卡人拥有 4 张信用卡

通常情况下，4 张信用卡的账单日可以为 5 日、10 日、15 日和 25 日，更多信用卡也可以以此类推。需要持卡人注意的是，最好不要申领太多的信用卡，每个人拥有 2 ～ 3 张信用卡就比较合适。如果流动资金比较充裕，则可以将多张信用卡的账单日设置为同一天，这样不仅容易记住，还能尽量避免出现忘记还款日而导致逾期的情况发生。

由于各发卡银行的账单日都不相同，同一家发卡银行的不同持卡人账单日也可能不同，所以想要知道自己的账单日，可以通过手机银行查询，也可以关注信用卡微信公众号查询，还可以直接致电信用卡中心的服务电话查询。

3. 信用卡账单日的修改规则

虽然现在修改信用卡账单日比较方便，但还是需要遵守相关的信用卡账单日修改规则。

◆ 账单日不可以随意修改

虽然信用卡的账单日可以修改，但并不是说可以随意修改。首先要保证信用卡没有任何欠款或分期，并且可供选择的账单日也有限，持卡人必须在银行提供的账单日中进行选择。例如，中国银行信用卡账单日可设置为 7 日、8 日、9 日、10 日、12 日、14 日、15 日、17 日、19 日、21 日、23 日、24 日、25 日、26 日或 27 日。持卡人可以在每月的对账单中查询，也可以通过网上银行或拨打客服电话查询。

◆ 账单日和还款日会同时改变

许多持卡人不知道，修改账单日时，还款日也会发生相应的变化。例如，中国银行的信用卡最后还款日为账单日后的第 20 天，也就是说，持卡人修改了账单日，那么信用卡的还款日就会变成持卡人修改后的账单日后的第 20 天。

◆ 账单日修改的次数有限制

虽然持卡人可以对信用卡的账单日进行修改，但并不是想改就改的，因为发卡银行对信用卡账单日的修改次数具有较为严格的控制。不同的银行信用卡的账单日的修改次数都不同，例如，有的发卡银行是有效期内只允许修改一次，有的发卡银行是一年内只允许修改一次或者几次。

由此可知，持卡人可以选择修改自己所持有的信用卡的账单日，从而延长免息期。

2.2.3

信用卡还款时切莫忽视尾数

因为信用卡能提前透支消费，所以受到不少年轻人的青睐，但如果还款不及时或还款金额不足，则可能给自己带来麻烦。

案例

最好全额还款，不要忽视尾数

刘小姐经常使用的一张信用卡，每次刷卡消费都会获得相应积分，积分达到一定的数量后，发卡银行会免收信息服务费。在商场或超市使用信用卡刷卡消费，已经成为刘小姐积累信用卡积分的常用方式。

2019 年 10 月，刘小姐在市区的某家商场购物时，像以往一样选择使用信用卡消费结账，由于这个月的消费透支必须在下个月前还清，发卡银行才不会收取利息。于是，刘小姐在当月就去发卡银行进行了还款，营业网点的工作人员告知她已欠费 1100 元，刘小姐当时并未核对欠款数额便如数付款。

让刘小姐没有想到的是，第二个月她便突然收到了发卡银行的短信，短信说她的信用卡账单有 21.6 元欠款。不过，在上次还款后，刘小姐并没有使用信用卡进行消费，所以她立即拨打了发卡银行的服务电话进行查询。

此时，发卡银行的工作人员告诉刘小姐，她的信用卡之所以欠费，是因为上次还款时，有两角钱没有还清，由于过了 10 月份的最后还款期限，发卡银行认为她欠款未还，所以对其处以了 20 元钱的罚款，加上利息，共须还款 21.6 元。

由此可知，持卡人在对信用卡进行还款时，一定要全额还款。而选择最低还款或分期还款都具有较高的手续费，不是很划算。

2.2.4
别忘了 "容时容差" 还款功能

通常情况下，发卡银行的信用卡都具有 "容时容差" 的功能，推迟 1 ～ 3 日还款，并不算逾期，也不会影响持卡人的征信。

简单而言，容时是指在信用卡还款日到期当天，持卡人没有按时还款，发卡银行会再给持卡人一个宽限期，通常为 3 日（自然日）。例如，持卡人的信用卡最后还款日为每月的 23 日，但是到了 23 日时却忘记还款，往后延迟 3 日，最晚 26 日之前还款都会视为 "按时还款"。

容差则是指到还款日后，持卡人没能足额还款，当未还款的金额小于或等于发卡银行规定的某个金额时，发卡银行将认为该持卡人已全额还款，此部分未偿还金额自动转入下期账单，未偿还部分金额不计利息。

例如，信用卡本期应还账单金额为 10000 元，但因为持卡人的个人原因，只偿还了 9800 元，还差 200 元未还清，则会被视为"最低还款"，会产生相应的高额"罚息"；如果持卡人偿还了 9995，未清偿部分只有 5 元，则会被视为"全额还款"，就没有"罚息"。

目前，只有部分信用卡具备"容时容差"功能，所以持卡人在申领信用卡前，需要向发卡银行咨询清楚。其中，各大发卡银行的容差细则如表 2-7 所示。

表 2-7　各大发卡银行的容差细则

发卡银行	容差金额	容差时限	还款
中国工商银行	未还部分罚息	无	非全额罚息
中国银行	账单金额的 1%	普通卡为 3 个自然日；白金卡为 9 个自然日	视同全额还款
中国建设银行	无	3 个自然日，需要主动打电话给发卡银行申请	视同全额还款
中国农业银行	普卡为 100 元；金卡和白金卡为 200 元	2 个自然日	视同全额还款
交通银行	10 元人民币或等额外币	3 个自然日	视同全额还款
招商银行	10 元人民币或等额外币	3 个自然日	视同全额还款
广发银行	10 元人民币或等额外币	3 个自然日	视同全额还款
兴业银行	10 元人民币或等额外币	3 个自然日	视同全额还款
中信银行	10 元人民币或等额外币	3 个自然日，需要主动打电话给发卡银行申请	视同全额还款
中国民生银行	10 元人民币或等额外币	3 个自然日	视同全额还款

续上表

发卡银行	容差金额	容差时限	还款
中国光大银行	最多为100元人民币或20美元	3个自然日，需要主动打电话给发卡银行申请	视同全额还款
浦发银行	10元人民币或2美元	3个自然日后的22:00前	视同全额还款
平安银行	10元人民币或等额外币	3个自然日	视同全额还款
华夏银行	10元人民币或等额外币	3个自然日	视同全额还款

虽然大多数发卡银行都提供了"容时容差"服务，但是持卡人最好还是提前还款，特别是通过第三方支付平台还款，因为还款金额并不是实时到账，容易产生还款逾期。

百科链接 不小心忘记还款了怎么办

虽然大部分发卡银行都提供了"容差容时"服务，但不小心忘记还款且超过了发卡银行的容差时限时，则可以通过如表2-8所示的方法来处理。

表2-8 忘记还信用卡的处理方法

逾期情况	处理方法
短时逾期	补足欠款后及时与发卡银行联系，因为不是所有的逾期都会及时显示到征信上，部分发卡银行会有容时，有的是下个月才会上报逾期记录
逾期时间超过90天	逾期时间较长且已经上征信，除了还清欠款，还要还清罚息，并继续保持良好的消费习惯，5年后不良记录会自动消除，大部分贷款只参考近两年内的信用记录
意外逾期	如果因为失业、疾病或出国等原因导致逾期，可以主动联系发卡银行开具"非恶意逾期证明"。如果是被逾期，则可能是"冒名贷款"导致，需要联系发卡银行说明情况，然后去中国人民银行征信中心提交"异议申请"，通常15个工作日就能清除这种不良逾期记录

2.3　巧赚积分赢好礼

使用信用卡不仅可以提前消费，还有一个较大的好处就是获取发卡银行回馈的积分，使用积分可以兑换发卡银行提供的礼品与服务。

2.3.1
积分的计算方式

目前，越来越多的持卡人开始关注信用卡积分的累积方式，因为积分不仅可以兑换礼品，还可以抵折扣、参与抽奖等。

其中，信用卡积分最划算的、最深得人心的兑换方式为积分当钱用。而在使用信用卡进行刷卡消费时会累积等值的消费积分，那么积分是如何计算的呢？例如，中国建设银行龙卡信用卡积分包括两个部分，即基本积分和奖励积分，其具体介绍如下：

◆ 基本积分为持卡人使用龙卡信用卡每消费人民币 1 元积 1 分（持上海大众龙卡消费，人民币 1000 元积 6 分）；每消费 1 美元积 7 分（持上海大众龙卡消费，100 美元积 4.2 分）；持欧洲旅行卡消费 1 欧元积 9 分。另外，卓越商务卡－个人商务卡刷卡消费人民币 1 元积 1 分；以美元结算的交易在银行记账日为持卡人购汇后按人民币入账金额进行积分累计。

◆ 奖励积分是鼓励持卡人特定消费、用卡、使用有关产品或参加活动并符合奖励条件而额外计算的积分，奖励积分按积分奖励类活动所公布的活动条款计算和使用。

◆ 持卡人主卡及附属卡的积分合并计算，附属卡消费产生的积分累积到主卡。

◆ 积分计算日期为该笔消费的银行记账日。

◆ 因任何理由将刷卡购买的商品或服务退还、或因签购单争议、或其他原因而退还款项者，中国建设银行将扣除原先通过此笔交易取得的积分。

◆ 中国建设银行保留调整积分累积规则的权利，包括但不限于积分计算方式、累积比例。

各家发卡银行的积分各不相同，想要知道所拥有信用卡的积分详情，可以拨打信用卡中心的热线或通过网上银行进行了解，如表 2-9 所示为各家发卡机构的积分详情。

表 2-9　各银行信用卡积分详情

发卡银行	刷卡积分	取现积分
中国银行	1 元 =1 分，1 美元 =8 分	不足 1 元 =1 分，购车 100 元 =8 分，购房 100 元 =6 分
中国农业银行	1 元 =1 分，1 美元 =8 分	无积分，购房、汽车、医院、批发、学校等交易不会积分
中国工商银行	1 元 =1 分，1 港币 =1 分，1 美元 =8 分，1 欧元 =10 分	没有积分，购房、购车、医院、批发等交易不会积分
交通银行	1 元 =1 分，1 美元 =8 分	没有积分，购房、购车、批发、医院、学校等交易不会积分
中国建设银行	1 元 =1 分，1 美元 =10 分	没有积分，购房、购车、医院、批发、等交易不会积分
广发银行	1 元 =1 分，1 港币 =1 积分，1 美元 =8 分	没有积分，购房、购车、批发等交易不会积分

续上表

发卡银行	刷卡积分	取现积分
中国民生银行	1 元 =1 分，1 美元 =8 分	没有积分，购房、购车、批发、医院、学校、网上交易等交易不会积分
招商银行	20 元 =1 分，2 美元 =1 分	20 元 =1 分，房产、汽车、批发、医院、学校等交易不会积分
中信银行	1 元 =1 分，1 港币 =1 积分，1 美元 =8 分（针对普卡）	1 元 =1 分，1 港币 =1 积分，1 美元 =8 分，购房、购车、批发、医院、学校等交易不会积分
华夏银行	1 元 =1 分，1 美元 =7 分	没有积分，购房、购车等可以积分但是单笔不能超过 2000 分
中国光大银行	1 元 =1 分，1 美元 =8 分	购房、批发等交易不会积分
兴业银行	1 元 =1 分，1 美元 =8 分	购房、购车、批发、医院、学校等交易不会积分

由此可知，发卡银行的信用卡在进行刷卡消费时都会按规则积累积分，取现是部分可以积分，而购房、购车等大笔消费不能积分。当然，对于一些特殊的信用卡，还有不同的积分规则，如表 2-10 所示。

表 2-10　特殊信用卡的积分规则

信用卡类别 / 名称	积分规则
航空联名卡（国航、南航、东航、海航以及厦航等联名卡）	18 元人民币或者 2 美元累积一个航空里程（积分）
航空联名信用卡（ANA）	20 元人民币或者 2 美元累积一个 ANA 里程
城市主题信用卡、车友卡	20 元人民币或者 2 美元累积 1 分，再额外赠送 50% 的积分，累积专属积分
魔兽世界联名信用卡、久游网联名信用卡、QQ 联名信用卡、ThinkPad 联名信用卡	20 元人民币或者 2 美元累积 1 积分，累积专属积分
凯莱酒店联名信用卡	20 元人民币或者 2 美元累积 1 个凯莱酒店积分
正大百货联名信用卡	20 元人民币或者 2 美元累积 1 个正大百货积分

2.3.2
消费积分的几大用途

各发卡银行为了推广信用卡，经常联合商家推出刷信用卡享折扣活动，或者是积分兑换缤纷好礼。虽然折扣很明显能看出来，而积分的作用表现得不是很直观，但它却有很多用途。

1. 小积分大里程

该用途主要针对于平时乘坐飞机较多的商务人士或旅游爱好者。简单而言，在一家航空公司的刷卡消费达到多少积分后，就可以使用规定的积分兑换里程数，下次购票时再减去这个里程，也就相当于一定的折扣优惠。

例如，中国农业银行的1元可以积1分，而中国农业银行的信用卡每20积分可兑换任意航空公司的1点飞行里程，换领基本单位为500里程或500里程的整数倍。

2. 小积分做慈善

大部分发卡银行的信用卡都具有比较人性化的积分奖励，如手机话费、彩票或加油等。当然，除了这些比较常见的奖励外，部分信用卡还推出了积分做爱心等活动。

例如，中国建设银行信用卡推出的"爱心100分"积分兑换公益活动，持卡人只要捐赠100分信用卡积分，就能表达自己的爱心。然后中国建设银行会将汇集捐赠的1500万积分兑换成500份迪士尼文具礼盒套装，捐赠给民工子弟学校。

3. 积分换代驾

信用卡积分有时还可以用来换代驾，方便出行。

例如，为了提高金穗贷记卡优质客户满意度，增进中国农业银行品牌知名度和美誉度，解决酒后驾车烦恼，保障出行安全，中国农业银行于 2013 年继续推出金穗贷记卡客户享受"酒后代驾"增值服务活动。也就是说，中国农业银行独创了积分换酒后代驾服务，主要针对金穗系列的持卡人。

其中，金穗尊然白金贷记卡每季消费有效积分 5000（含）至 10000 分赠送下季度 1 次（每次 20 公里以内）的酒后代驾服务，有效积分 10000（含）至 20000 分赠送下季度 2 次（每次 20 公里以内）酒后代驾服务，有效积分 20000 分（含）以上赠送下季度 3 次（每次 20 公里以内）酒后代驾服务；金穗温州商人卡金卡每季消费有效积分 50000 分（含）以上赠送下季度 3 次（每次 10 公里以内）酒后代驾服务。不过，代驾车型仅限 9 座（含）以下的小型轿车，有效期 3 个月，逾期不能使用。

4. 积分当钱刷

信用卡积分直接当钱刷，也是部分发卡银行比较热衷推出的服务。

例如，兴业银行信用卡持卡人可在积分消费特约商户处使用"积分消费"，按照"400 分 =1 元"的比例将卡内积分折算为现金，抵扣消费金额。

简单而言，持卡人的信用卡中原本积累了 10000 积分，按照兑换规则可以抵扣 25 元，若购买 30 元的商品，则在特设的 POS 机上会自动扣除 10000 积分和 5 元刷卡消费金额；若商品金额为 24.6 元，则只能用积分抵扣整数部分（即 24 元），剩余 0.6 元仍要作为消费金额进行还款。

另外，招商银行推出的"积分店面兑换"也是积分当钱刷的一种，持卡人可以按比例用积分直接抵扣消费金额。不过，各商户所制定的兑换标准不同，地区之间也存在差异。例如，在北京如家连锁酒店可用570积分兑换早餐一份，而在上海的DQ商户按15点积分兑换1元。

5. 积分抵折扣

一些发卡银行还推出了"积分抵折扣"活动，使信用卡积分有了新的用武之地。

例如，广发银行推出的"积分抵折扣"活动，持卡人只需要登录广发银行的网上银行或致电客服中心进行登记，申请绑定"积分抵折扣"业务，从绑定的当月1日起消费均可自动进行抵扣，全国范围内不限商户和商品，只要满500元就可自动进行抵扣，所抵扣的金额在消费后两周内以免还款签账额形式返还给持卡人。

6. 积分兑换集分宝

第三方支付机构支付宝推出的集分宝服务，可以让持卡人将信用卡中的积分直接当钱花。

通常情况下，100个集分宝可以抵扣1元钱。信用卡积分既可在发卡银行合作的商户网站上交易（如淘宝、天猫等），也可在该网站指定业务（如公共事业缴费、信用卡还款等）中使用。

目前，只是部分发卡银行的指定信用卡可以将积分换成集分宝使用，如中国银行、兴业银行以及平安银行等。持卡人只需要登录集分宝平台，即可将积分兑换集分宝并在网上进行支付。

7. 积分抵扣年费

通常情况下，信用卡每年都要收取年费，但是许多发卡银行都有相应的免年费政策，其中就有信用卡积分抵扣年费的服务。

例如，拥有华夏银行信用卡的持卡人就可以致电华夏银行信用卡客服中心，通过人工服务进行申请，工作人员将根据年费兑换标准及持卡人积分状况进行操作，最后完成兑换。

如何让信用卡积分翻倍

经验丰富的持卡人有多种"薅羊毛"的方法，积分就是其中比较重要的一种，如换礼品、抵扣现金、兑换里程以及兑换年费等。那么如何获得更多的积分呢？主要有以下几种方式。

1. 多刷卡积累积分

在生活与工作中，只要能刷信用卡就尽量使用信用卡消费，这样可以快速积累积分。另外，信用卡使用越频繁，积分增长越快。有时候发卡银行还会推出对经常使用的信用卡赠送积分的活动，所以平时也可以帮信赖的亲朋好友刷卡，这也是信用卡套现的方式之一，帮助别人刷卡自己也能获得积分。

2. 特殊节日刷卡获双倍积分

除了日常刷卡消费可以获得积分外，发卡银行还会在一些特殊的节假日时期推出消费"双倍积分"的活动，持卡人可以考虑选择在"五一""十一"以及"双十一"等节假日或特殊日期的消费高峰期进行刷卡消费，从而获得双倍积分。

3. 生日当天（月）多消费享多倍积分

发卡银行不同，信用卡种类不同，积分的积累政策也不同。例如，中信银行腾讯 QQ 联名卡在生日当月消费享双倍积分，当月积分交易（取现）2000 元及以上，可享 3 倍积分；交通银行白金信用卡在生日当月消费享双倍积分，生日当天在指定餐饮娱乐商户处消费享 5 倍积分。

4. 积极参加银行活动

现在所有的发卡银行都推出了手机银行 APP，首页都会推送即时消息，持卡人可以经常打开看看，这样能及时发现一些积分活动。

例如，招商银行就有推荐亲友办卡有好礼活动，即 2019 年 10 月 1 日至 11 月 30 日，推荐未持卡亲友申请招商银行信用卡，亲友在 2019 年 12 月 31 日前成功发卡，并于核发后在 30 天内激活实体卡片，可享受以下奖励：

◆ **成功推荐 1 人**：10 元换购 Picasso20 寸拉杆箱或双立人炖锅陶瓷碗套装或 1500 积分。

◆ **成功推荐 3 人**：10 元换购美旅箱包组合或双立人电饭煲组合或美妆小美盒或 4000 积分。

◆ **成功推荐 5 人**：10 元换购西屋扫地机 + 康宁刀具组合或双立人电陶炉 + 锅四件套或 Apple AirPods 无线蓝牙耳机或 6000 积分。

5. 积分合并

同一持卡人名下的多张信用卡积分可合并，主卡及附属卡的积分也可以合并。因此，持卡人在使用信用卡时可以为家人办理一张附属卡，这样就能把附属卡的积分转到主卡上，积分积累也比较快，消费的金额较多对信用卡的提额也有一定的帮助。

6. 申领有积分的卡

其实，大多数信用卡进行网上购物时没有积分，但很多持卡人并不清楚这个事情。对于经常网购的持卡人而言，不管如何使用信用卡购物却没有积分，白白浪费了精力。因此，经常网购的持卡人可以申领有积分的信用卡，如平安银行淘宝联名卡、广发银行淘宝卡等。

2.4　百城千店用卡优惠

当信用卡申请并激活以后，就可以进行刷卡消费了。不过，信用卡的功能并不是刷卡消费那么简单，还能使用信用卡获得更多的优惠，从而实现理财功能，给自己带来额外收获。

2.4.1
六大刷卡方式助你刷卡无忧

信用卡最主要的功能就是透支消费，不过使用信用卡进行消费时，还需要了解信用卡的多种支付方式，这样才能更加灵活地使用信用卡。其中，信用卡的支付方式主要有 6 种，其具体介绍如下。

1.网上支付

如今，网上支付已经成为一种主要的信用卡支付方式，它给持卡人带来了很大的方便。在进行网上支付时，只需要输入信用卡卡号、信用卡有效期、安全码以及交易密码。此外，有时候还需要输入持卡人姓名、网页随机生成的验证码以及发送到持卡人手机上的验证码。相关信息输入完成后，单击"提交"按钮即可完成支付。

不过，在多种信用卡支付方式中，网上支付被认为是风险最大的一种。因为不法分子可能使用网络病毒、网络钓鱼或假冒支付网站等方式窃取持卡人的信用卡信息，从而盗刷信用卡中的金额，给持卡人造成较大的经济损失。

2.POS 机刷卡

POS 机刷卡支付也叫在线消费交易，是指持卡人在特约商户购物、餐饮或其他消费时，使用信用卡进行联机支付的交易。目前，在 POS 机上刷卡支付是比较常见的信用卡消费支付的方式，不过这种支付方式必须在联网的情况下进行，其具体操作流程如图 2-16 所示。

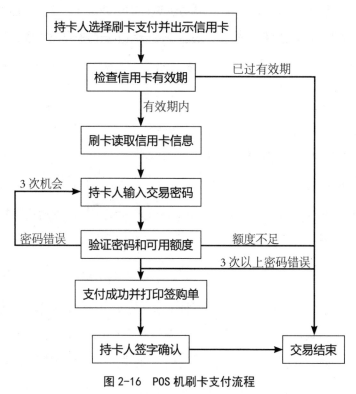

图 2-16　POS 机刷卡支付流程

在使用 POS 机刷卡时，收银员会先检查信用卡中持卡人的姓名、有效期等信息，然后将磁条式信用卡的磁条在 POS 机上划过或者将芯片式的信用卡插入 POS 机的卡槽中，连通发卡银行的支付网关后，输入相应的支付金额，并由持卡人输入交易密码。

在远程网管接收信息后，POS 机就会自动打印出刷卡支付的收据，持卡人检查收据上的信息确认无误后签字。收银员核对收据上的签名和信用卡签名栏上的签名后，将信用卡和刷卡收据的其中一联交给持卡人，完成整个 POS 机的刷卡支付流程。

3. 手工压单

手工压单是指根据发卡银行与商户签订的受理信用卡协议，收银员使用压印机，采用手工压单方式完成正常消费的交易。通常情况下，手工压单的支付方式是在没有 POS 机或没有联网的情况下使用，压单操作必须要有压敏复写式的"直接签购单"和电话，其具体操作流程如图 2-17 所示。

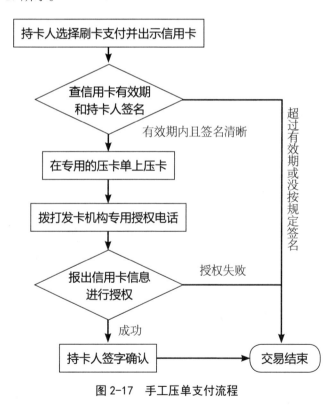

图 2-17　手工压单支付流程

通过手工压单支付前同样需要检查，收银员需要用压单设备将信用卡卡号、姓名等印在签购单上，并记录金额、日期等信息，然后拨打收单发卡机构的授权专线电话，报出信用卡申请授权，并将获得的授权码写在签购单上，持卡人确认无误并签字，收银员核对签名后，将信用卡及签购单的一联交予持卡人，完成手工压单的操作。

4.RFID 机拍单

RFID 机拍单是在 RFID 技术发展起来以后才开始流行的一种新类型的信用卡支付方式，是通过无线电信号识别特定的目标，并读写相关的数据，不过这种支付方式必须在联网的情况下才能进行。

在使用 RFID 机拍卡时，收银员应首先查看信用卡的有效期、持卡人姓名等信息，然后根据发卡银行以及需要支付的货币种类选择相应的拍卡机，输入相应的金额，将信用卡平放于感应器上方不多于10cm 的地方。

当 RFID 机感应到信用卡后会发出信号声响，然后继续运作程序，在发卡银行支付网关接收信息后，打印机会打出拍卡支付的收据，即可完成在 RFID 机上进行拍卡感应支付。

5. 电话支付

许多发卡银行为了让持卡人更加方便地使用信用卡进行支付，纷纷推出了信用卡电话支付的快捷方式，该方式不需要持卡人手动刷卡和输入密码。不过使用电话支付必须保证发卡银行开通了信用卡电话支付功能，并且所支付的商家必须与发卡机构进行过合作签约。

如果持卡人选择电话支付方式进行支付，则需要使用发卡银行的预留电话号码拨打发卡银行的服务电话，然后根据语音提示完成支付。通常情况下，使用电话支付只需要报出信用卡卡号、有效期以及安全码 3 个信息即可完成支付。

6. 微信支付与支付宝支付

随着微信与支付宝业务的不断完善，微信支付与支付宝支付也深入到大众的生活中。使用手机上的微信或支付宝扫描一下二维码就可以轻松完成支付，既不用持卡人拿出信用卡，也避免了支付时泄露信息。不过，在使用微信或支付宝进行支付之前，需要先绑定信用卡，这样才能顺利选择信用卡进行支付。

2.4.2

时刻关注信用卡的优惠信息

目前，很多发卡银行都会发布信用卡优惠信息，网上银行、发卡银行微博、微信公众号以及信用卡手机 APP 等都是获得信用卡优惠信息的权威渠道。不过，不同的信用卡，活动力度和优惠项目不相同。如果持卡人持有多张信用卡，可以多做对比，常用的信用卡要重点关注。

发卡银行推出信用卡的优惠，主要目的是吸引持卡人进行消费。看着省了钱，但是如果专门为了这个优惠进行消费，成本往往比持卡人获得的优惠要高。因此，持卡人使用信用卡要理性，平时可以多关注，有适合的活动，正好自己也用得上，则可以考虑参与，如表 2-11 所示为 2019 年信用卡的优惠活动。

表 2-11　2019 年信用卡的优惠活动

发卡银行	优惠活动
中国工商银行	购买途牛出境游、国内长线、邮轮等产品，使用中国工商银行 62 开头信用卡支付每满 3000 ~ 100 元，最高立减 500 元，每日 200 个名额，每人 3 次
	购买途牛周边游、自驾游、签证产品，使用中国工商银行 62 开头信用卡支付可享受每满二免一，最高优惠 300 元，每日 50 个名额，每人仅 1 次

续上表

发卡银行	优惠活动
中国工商银行	购买途牛机票、酒店、火车票产品，使用中国工商银行 62 开头信用卡支付满 100 立减 30 元，每日 50 个名额，每人仅 1 次
中国农业银行	登录掌上银行 APP 选择卡号报名活动，该卡首次绑定"微信支付"后次月微信消费享 10 倍积分，每人奖励不超过 10 万分
	每日 10 点，云闪付 APP 进行水费、电费、燃气费或暖气费缴费，满 30 元可享随机立减（3 元～20 元），月限 3 次
	中国农业银行 62 开头信用卡在指定商超类商户使用云闪付 APP 消费满 30 元，可领取 10 元激励金，每人月限 1 次
	中国农业银行 62 开头信用卡在指定商户使用各种 Pay 消费满 20 元，可领取 10 元激励金，每人月限 1 次
	使用掌上银行 APP 在指定活动商户消费满 60 元，可享 6 积分兑 15 元刷卡金，每人每商户月限 1 次
中国银行	使用手机银行 APP 完成 1 次交易积分兑换即可获得相应积分赠送，最高可获赠 15000 交易积分奖励，每人月限 1 次
	在京东商城 APP 使用 Apple Pay 绑卡支付，可享 5 折优惠（最高优惠 15 元），每人日限 1 次、月限 2 次
	中国银行 62 开头银联卡的银联手机闪付用户，在活动商户通过银联手机闪付消费，可享 5 折优惠，最高优惠 15 元，每日限一次，每月限两次
招商银行	5 月任意三天消费，每日满 7000 元可领 3000 积分或 120 元生活礼包和米技炒锅；七天消费每日满 300 元可刮最高 888 元刷卡金
	饭票每消费满 10 元可领 1 只"皮卡丘"、零售便利每消费满 10 元可领 1 只"胖丁"、影票每消费满 10 元可领 1 只"可达鸭"，活动期间每种卡片各限获 10 张，集齐指定数量可抢兑礼品
中国建设银行	龙卡信用卡官方微信"每日签"，签到得养分值，满 2000 可得随机奖励，包括 0.18～888 元刷卡金或马克杯
	每日 6 点，12306 APP 购买火车票选择建设银行支付，龙支付新户（活动期间开通）首笔满 40 减 20 元、老用户首笔满 40 元减 10 元，第二笔起满 40 元随机立减 1～20 元，日限 1 次、活动期间限 3 次
	每日 8 点，使用建行龙支付钱包余额或绑建行卡扫码支付顺丰运费，满 12 减 6 元，每人日限 1 次、活动期间限 3 次

续上表

发卡银行	优惠活动
交通银行	每日（周五外）10 点起，指定沃尔玛门店使用买单吧 APP 及银联云闪付 APP 绑定沃尔玛信用卡扫码支付，或使用微信支付绑定沃尔玛信用卡支付，满 299 随机立减 20 ~ 100 元，每人每日限一次
	京东商城 Plus 会员购买指定品类商品绑卡支付，电脑办公满 5000 减 120 元、数码 / 家用电器满 3000 减 90 元、母婴满 1000 减 60 元，活动期间限 1 次

2.4.3

妙用信用卡也能省钱

持卡人使用信用卡，不仅可以用来刷卡消费，还可以用来投资理财。信用卡与借记卡不同，借记卡刷卡是直接扣除卡内的金额，没有额外的优惠，而使用信用卡刷卡可以获得额外的优惠，如积累积分、刷卡折扣以及刷卡返现等。巧妙地使用信用卡进行消费，能省下不少钱。

◆ 多刷信用卡，轻松免年费

通常情况下，信用卡每年都会按时收取相应年费，几十元到上万元不等，这就会让许多用户觉得申领信用卡非常不划算。

其实，各大发卡银行基本都有本年刷卡满多少次，即可免除次年年费的优惠政策。因此，只要合理使用信用卡，达到发卡银行规定的刷卡次数，就能轻松免除信用卡的年费。

◆ 两卡合用，联合节息

虽然持卡人可以多使用信用卡的免息期来获得更多的价值，但也会经常出现忘记账单还款的情况。因此，持卡人可以在信用卡的发卡银行申请一个借记卡账户，然后将其与信用卡设置关联，从而实现自动转账还款。

设置好以后，持卡人只需要在信用卡的最后还款日前几天保证借记卡中具有足够的金额，就能有效避免因忘记还款而产生利息。

◆ 小额刷卡消费，轻松获积分

与借记卡相比较，信用卡有个比较明显的特点，那就是刷卡可以获得积分，这也是比较吸引持卡人的功能。

在日常生活与工作中，越来越多的消费可以使用信用卡来支付。若持卡人持有信用卡，在支付现场尽量使用信用卡进行支付，这样可以获得更多的积分，也比使用现金支付方便。

2.5 爱车也能"薅羊毛"

对大多数车主而言，养车可能比买车还难，加油费、停车费、洗车费以及保养费等都是不小的开支。目前，许多发卡银行针对车主人群发行了爱车信用卡，并推出了相应的优惠活动，如加油打折、免费洗车等。因此，利用车主信用卡也能为爱车薅到一把"羊毛"。

1.维修保养优惠

如今汽车越来越普遍，多数家庭都拥有了汽车，而汽车保养维修却是车主必须要面对的问题。而随着人们生活水平的提高，物价也不断上升，汽车维修保养的费用也飞速上涨。

因此，许多发卡银行针对车主信用卡也推出了维修保养的优惠活动。如汽车美容装饰、维修保养以及汽车租赁等，车主可以持卡到提供服务的汽车维修中心及汽车美容中心享受相应的优惠服务。车主用好汽车信用卡，也可为爱车实现"省钱大计"。

2. 加油折扣优惠

汽车在使用过程中，车主可能会觉得油价越来越贵，养车压力越来越大，这时可以考虑申领一张车友信用卡。

目前，大部分的发卡银行都为汽车信用卡提供了加油回馈优惠活动，虽然各发卡银行的加油优惠政策补贴不同，但按照汽车信用卡最简单的加油优惠，每升可获得 3 分至 1 角钱价格不等的优惠或等值汽油奖励，这样每年也能得到数百元的优惠。

例如，民生银行的车车信用卡，金卡加油返现 5%，每月限额 50 元，不过每月需消费 1500 元，才能获得当月的加油金返还；标准白金卡，单月积分消费满足 500 元，返现 8%，上限 100 元；豪华白金卡，消费额度为 3000 元，加油返现 15%，上限 200 元。

3. 免费洗车

对于车主而言，除了给爱车加油外，洗车也是一项必备的消费。此时，拥有一张可免费洗车的信用卡显得尤为重要，因为持卡人申领到一张车主信用卡，就如同获得了一张免费的洗车卡。许多发卡银行都推出了汽车卡免费洗车的优惠活动，有车一族可以经常关注信用卡的免费洗车活动。

例如，广发银行的易车联名卡，该卡除了普通信用卡具备的功能外，还能享受一年的免费洗车服务，不过车主需要满足相应的洗车条件：第一，只有从未申请过广发信用卡，或者是 2015 年 9 月 1 日前注销信用卡的新客户才能享受服务；

第二，核卡成功后 3 个月内交易 5 笔积分消费 288 元的交易，才能获得 12 次免费洗车权益；

第三，需要下载"宽途洗车"APP，并使用办卡时预留的手机号码注册账户，才可以领取洗车券；

第四，洗车券有效期为一年，将于客户满足条件后第三个月内赠送。

4. 酒后代驾服务

目前，酒后驾驶成为交通事故的第一大"杀手"，酒后驾驶导致的交通事故每年多达数万起。而酒后驾驶的检查也越来越严，许多车主因此受到过非常严厉的惩罚，甚至面临牢狱之灾。

在这种情况下，酒后代驾服务也进入了信用卡开卡行的视野，部分发卡银行的信用卡也提供了酒后驾车的服务，不过需要根据里程来收取相应费用。在车主需要酒后代驾时也可以节省一笔费用。

例如，交通银行的白金信用卡，持卡人只需提前 3 个小时致电白金秘书专线预约，就可以免费享受单程最远距离 50 公里内的代驾服务。

百科链接 *开卡送保险优惠活动*

许多发卡银行为了吸引更多的车主申领信用卡，推出了许多针对汽车的开卡优惠活动。对于车主来说，开卡送保险比送电水壶、车上小公仔等礼品更加实际，因为获得一份保障可以更让车主安心。

例如，平安银行车主卡可以获赠全车人员意外保险，保障内容包括最高 50 万元保额的驾驶员意外险，同车亲属每人 10 万元的意外险以及全车人员每人 4000 元的意外医疗（含驾驶员）。

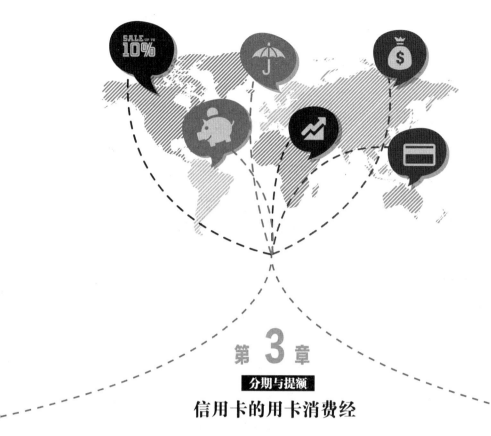

第 3 章

分期与提额

信用卡的用卡消费经

　　信用卡激活后持卡人即可开始使用其进行刷卡消费，它也是发卡银行对持卡人的信用证明，用好了会让持卡人的信用得到提升，如果出现违规行为不仅影响个人信用，严重的还会被发卡银行"拉黑"。

3.1 高手的分期付款消费经

面对心仪的产品，虽然很想购买，但是手中暂时没有充裕的资金，此时可以选择使用信用卡进行消费，然后申请分期偿还信用卡。分期偿还信用卡账单是信用卡的特色功能，可以帮助持卡人减轻短期的消费和还款压力。

3.1.1
玩转信用卡分期付款

信用卡分期付款是指持卡人使用信用卡进行大额消费时，由发卡银行向商户一次性支付持卡人所购商品的消费资金，然后持卡人分期向发卡银行还款并支付手续费的过程。发卡银行会根据持卡人申请将消费资金和手续费分期通过信用卡账户扣收，持卡人只需要按照每月账单金额进行偿还即可。

当前，几乎所有的发卡机构都推出了信用卡分期还款的业务，只是每家发卡银行分期付款的要求不同。通常情况下，根据场合不同分为商场（POS）分期、邮购分期与账单分期。

◆ **商场（POS）分期**：是指持卡人在与发卡银行有合作关系的商场或商户处购物后，结账前对收银人员表明该笔消费需要分期付款，并选择分期期数，然后由收银人员在专用的 POS 机上刷卡的一种提前消费方式。消费分期后，持卡人根据对账单上的金额按期还款，直至全部分期金额还清为止。通常情况下，商场分期会实行 3 期免手续费，6 期和 12 期的费率各发卡银行收费标准不同。

◆ **邮购分期**：是持卡人在发卡银行指定的商户处购买商品后，通过电话、传真、互联网或邮寄等方式向发卡银行申请将所购商品的总金额平均分成若干期，并在约定期限内按月还款，发卡银行批准后，商户按时为持卡人送货上门的一种提前消费方式。通常情况下，邮购分期无论期数多少都不收手续费。

◆ **账单分期**：是指持卡人刷卡消费之后且到还款日之前，通过电话、手机银行等方式向发卡银行提出分期申请的一种分期消费方式。此种分期付款不受消费种类、地点的限制，可让持卡人充分享受分期付款所带来的超前消费。其中，账单分期的期数越长手续费越高，且全部要由持卡人自己承担。

许多不了解信用卡分期业务的持卡人，往往会被发卡银行的"免息"宣传迷惑，其实免息不是免费，只是说法不同而已。简单而言，普通信用卡分期付款 1 年的手续费要低于年 18.25% 的取现利息，高于银行 1 年商业贷款利息 6%，而分期越多，偿还的手续费就越多。

另外，信用卡在大笔支出后，发卡银行往往会致电持卡人，劝其进行分期。很多持卡人为了减轻还款负担就会选择账单分期，而分期后的账单无法再选择最低还款额还款。许多持卡人并不清楚该规则，从而容易产生逾期还款的不良记录。

要点提示

在投资理财的过程中，冲动型消费是许多持卡人容易犯的错误，因为他们习惯使用信用卡分期付款购买商品。

3.1.2
现金分期使额度变现金

现金分期也被称为取现分期，通常是由信用卡持卡人申请，或者发卡银行主动邀请持卡人进行申请的一种将信用卡额度转换为现金，转账汇入指定借记卡并分成指定月份期数进行归还的一种分期方式。

当前信用卡套现愈演愈烈，许多发卡银行为了应对这种不良情况，在对持卡人进行相关资质审核后，将信用卡授信额度通过转账，将该笔款项以分期形式计入申请人账户中，提供变相的资金"套现"。下面以中国光大银行信用卡为例介绍现金分期的具体操作。

进入中国光大银行手机银行 APP 中，登录信用卡账户，在"我的"主界面中点击"提现"按钮。进入信用卡提现页面，分别设置转入账号与提现金额，然后点击"下一步"按钮。如图 3-1 所示。

 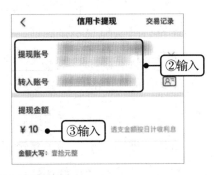

图 3-1　设置信用卡提现信息

在打开的页面输入交易密码，点击"获取"按钮，输入获取的短信验证码，然后点击"提交"按钮即可完成操作。如图 3-2 所示。

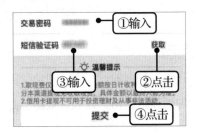

图 3-2　完成信用卡提现操作

3.1.3

信用卡分期的手续费怎么算

持卡人在使用信用卡的过程中，难免会遇到无法在规定的还款日期全额偿还欠款的情况，这时持卡人通常会选择办理分期付款。一般情况下，信用卡分期不需要支付利息，但是发卡银行会向持卡人收取分期手续费，不同发卡银行、不同期限的手续费会有所不同，具体如表 3-1 所示。

表 3-1　信用卡分期付款手续费（合计）

发卡银行	3 期	6 期	9 期	12 期	18 期	24 期
中国银行	1.95%	3.60%	5.40%	7.20%	11.70%	15.00%
中国农业银行	1.80%	3.60%	5.40%	7.20%	/	14.4%
中国工商银行	1.65%	3.60%	5.40%	7.20%	11.70%	15.60%
中国建设银行	2.10%	3.60%	/	7.20%	10.80%	14.40%
招商银行	2.60%	4.20%	/	7.20%	/	/
中国民生银行	2.40%	3.90%	5.85%	7.20%	11.34%	15.84%
中国光大银行	2.00%	3.50%	5.00%	7.00%	/	/
中信银行	2.16%	3.96%	5.94%	7.320%	12.60%	15.84%
北京银行	1.80%	3.60%	5.40%	7.20%	11.70%	15.60%
兴业银行	2.40%	3.90%	/	7.80%	11.70%	15.80%
交通银行	①人民币 1500 元或美元 100 元，每月手续费率为 0.72%。 ②人民币 6500 元或美元 800 元，每月手续费率为 0.70%。 ③人民币 12500 元或美元 1500 元，每月手续费率为 0.68%					

部分持卡人遇到过这样的情况，就是信用卡中心打电话推荐账单分期，有时手续费低至 0.5% 或 0.6%，他们就会认为这样的手续费已经非常低了。其实，该分期手续费并不低，下面来看一个例子。

计算信用卡分期付款手续费

陈小姐因为资金紧张，需要将本期信用卡账单的12000元进行分期。假设将12000元分为12期，每期还款1000元，每期的手续费为0.6%，每期实际扣取1000+12000×0.6%=1072元，那么12个月的还款总额为1072×12=12864元，手续费总额为864元。

如果不考虑其他因素，可折算的名义年利率为864÷12000=7.2%。陈小姐通过计算觉得非常划算，于是向发卡银行申请了账单分期。

其实，陈小姐已经掉入了发卡银行的"陷阱"中，通过下面的公式可以直接计算出实际的年利率。

年利率＝单期处理率 × 分期付款 ÷（分期付款+1）× 24

此时，陈小姐的实际年利率为0.6×12÷（12+1）×24=13.29％。也就是说，陈小姐在无意识中多给了手续费，但是自己却并不知道，而且发卡银行也没有给太多时间让她计算。

3.1.4

最低还款与分期还款，哪个更划算

有信用卡还款经验的持卡人都清楚，不管是信用卡最低还款还是分期还款，都需要支付一些额外的费用，如手续费、利息等。那么，在流动资金比较缺乏时，信用卡最低还款与分期还款哪个最划算呢？

◆ **最低还款**：如果之前账单都已偿还清，那么最低还款通常为本期账单的10%。不过，一旦选择了最低还款，那么持卡人的消费将无法享受免息期，所有的刷卡消费从入账开始每天按照0.05%的日利率收取利息，折算成年利率为18.25%，并且按月进行复利，这就与贷款利率差不多了。

◆ **分期还款**：虽然分期还款没有利息，但是有手续费，不同的分期数对应不同的手续费，不过部分发卡银行也会根据持卡人的用卡习惯及征信情况来调整。其中，征信良好的利率低一点，如果征信存在问题，那么发卡银行就可能承担较大的逾期风险，所以会给一个较高的利率。

其实，到底选择哪种方式进行还款还是需要分情况。如果是大额还款，还款周期较长，则可以考虑选择分期还款；如果只是小额还款，其还款周期较短，则可以考虑选择最低还款。

案例

两种还款方式的对比

日前，张小姐有一笔 10000 元的消费，因为临时资金紧张，想要通过信用卡刷卡来解决。不过，是选择分期付款还是最低还款，她有些拿不定主意。此时，她拨打了信用卡服务中心的电话，工作人员为其进行了计算，看看如何运用信用卡还款能更划算。

首先，张小姐需要明确知道两种还款方式的区别。如果选择偿还最低还款，则可以保持良好的信用记录，不过此种还款方式无法享受免息期，持卡人需要支付相应的利息。目前，大部分发卡银行采用全额计息的方式，从消费入账之日算起，每天收取 0.05% 的利息，并按月复利计算。

假设张小姐的信用卡账单日为每月的 18 日，到期还款日为次月的 15 日。她 7 月 18 日的账单列出了她从 6 月 19 日至 7 月 18 日的所有消费记录，1 笔 10000 元刷卡消费，记账日为 7 月 14 日。因此，张小姐本次最后还款日为 8 月 15 日，本期应还金额为 10000 元，最低还款额为 1000 元。

如果选择最低还款，张小姐被收取从记账日（7月14日）算起的利息，直到还清为止。在下个账单日8月18日前，若张小姐没有还清剩余款项（包括利息部分），她将产生163.5元的利息。计算方式为：10000×0.05%×30（8月15日－7月14日）+（10000－1000）×0.05%×3（8月18日－8月16日）=163.5元，该账单的最后还款日为9月15日。若张小姐在9月15日依旧没有全额还款，那么8月18日至9月15日的免息期也将被取消，而且上期账单中163.5元的利息也将按每天0.05%的利率产生利息。

如果选择分期付款，现金分期每期手续费＝分期总金额×每期手续费费率。若将10000元欠款全部做账单分期，按招商银行3期（即3个月）2.60%手续费计算，张小姐需要支付260元；6期（即6个月）4.20%手续费计算，需要支付420元；12期（即12个月）7.20%手续费计算，需要支付720元。

由此可见，无论以何种方式进行分期，分期付款都要比最低还款更划算。当然，也有最低还款比分期还款划算的情况。例如，持卡人本期账单为6000元，并在最后还款日之前选择了最低还款，第一次还款金额为1000元，利息为0.05%，即每日需要支付2.5元的利息，如果一个月内资金周转不过来，那么持卡人给发卡银行的手续费为2.5×30=75元。另外，还款周期可能更短，有钱后就可以立马还上。

总而言之，持卡人是选择最低还款还是分期还款需要根据自己的实际情况与欠款金额来具体规划。

3.1.5
信用卡分期还款的注意事项

目前，许多人都拥有自己的信用卡，通过信用卡分期还款可以在自己资金不足的情况下购买到心仪的商品。那么，信用卡分期还款需要注意哪些事项呢？其具体介绍如下。

◆　选择合适期数

目前，大部分发卡银行的信用卡在申请分期成功后，无法取消或更改分期期数，所以持卡人在申请信用卡分期前需要决定好分期期数。

另外，各发卡银行的手续费标准也不同，根据发卡银行的具体标准选择合适的分期期数可以减少手续费。

◆　分期账单不能再分期

持卡人在成功申请账单分期后，每期的还款额和分期手续费都会计入当期的最低还款额中。简单而言，就是已经申请的账单分期无法再分期，在当月的账单还款中，必须先偿付这部分金额。

◆　分期会占用信用卡额度

部分持卡人会觉得，信用卡分期后的额度依旧是原来的额度，其实并不是这样。持卡人申请账单分期后，只有全额还清欠款，信用卡的信用额度才会全额恢复。还清当期分期欠款，只会恢复还清部分欠款的额度。

◆　提前还款仍需支付手续费

发卡银行收取手续费主要存在两种情况，一种是在第一个分期账单月时就将手续费一次性收取，之后不再收取；另一种是按月收取，即每月收取相应的手续费，直到分期结束。

因此，无论选择何种方式收取手续费，持卡人想要提前还款，都需要全额缴纳当时办理分期的手续费。即使持卡人提前还款以中止分期，手续费同样需要支付，所以提前还款的意义并不大，还会占用自己的现金流。

◆ 避免罚息

如果持卡人没有在规定的期限内将分期的欠款偿还给发卡银行，同样需要缴纳高额的违约金与利息。

例如，持卡人每月要还款 10000 元，但由于某种原因忘记了，则会缴纳每日 5% 的违约金，这样算下来一个月就会多交 15000 元，比还款额还要高。这样不但享受不到免息，还会造成不良的信用记录，严重的还会构成犯罪（信用卡逾期超过 3 个月银行就会冻结卡片，将持卡人列为银行禁入类客户，起诉其信用卡诈骗及恶意透支）。

3.2 信用卡提额有诀窍

通常情况下，提升信用卡的信用额度是持卡人应该享有的权利。只要持卡人具有良好的用卡习惯，保持良好的信用记录，避免出现失信行为，那么就能在发卡银行规定的额度提升周期内申请信用卡提额。

3.2.1
申请信用卡提额的时间很重要

部分持卡人为了获得高额度，会频繁向发卡银卡申请提升信用卡额度，但常常会收到这样的回复：因您近期消费较少或已经调整过账户固定额度，目前暂无法调整固定额度，如有额度需求请申请账户临时额度。

这说明持卡人的提额申请被驳回，而造成提额不成功的主要原因就是没有把握好发卡银行提升额度的周期。

1. 信用卡永久额度的提高周期

大部分持卡人都比较关注信用卡的永久额度，而永久额度的提升周期也是额度提升的关键，如表 3-2 所示为各银行对信用卡永久提额的周期。

表 3-2 各发卡银行信用卡永久额度提升周期表

银行名称	首次提升固定额度时间	再次提升固定额度时间
中国银行	6 个月后	3 个月后
中国农业银行	6 个月后	随时可调
中国工商银行	6 个月后	6 个月后
中国建设银行	6 个月后	3 个月后
交通银行	需要银行邀请	需要银行邀请
招商银行	3 个月后	3 个月后
中国民生银行	需要银行邀请	需要银行邀请
广发银行	6 个月后	6 个月后
中信银行	需要银行邀请	需要银行邀请
兴业银行	随时可调	3 个月后
中国光大银行	6 个月后	6 个月后
华夏银行	6 个月后	6 个月后
浦发银行	6 个月后	6 个月后

2. 信用卡临时额度的提高周期

如果持卡人没有达到提升固定额度的要求，发卡银行会根据持卡人的实际消费情况，建议其提升信用卡的临时额度。

信用卡临时额度是指发卡银行为了应对持卡人的临时需要，在信用卡永久额度的基础上临时调高的信用总额度。按照发卡银行的规定，临时提升的信用额度通常是在永久信用额度的基础上提升 20%，且有一定有效期，如表 3-3 所示为各银行信用卡临时额度的周期表。

表 3-3　各发卡银行信用卡临时额度提升周期表

银行名称	首次提升临时额度时间	再次提升临时额度时间
中国银行	有还款记录即可	随时可调
中国农业银行	随时可调	随时可调
中国工商银行	随时可调	1 个月后
中国建设银行	2 个月后	1 个月后
交通银行	需要银行邀请	需要银行邀请
招商银行	随时可调	随时可调
中国民生银行	6 个月后	需要银行邀请
广发银行	6 个月后	6 个月后
中信银行	需要银行邀请	需要银行邀请
兴业银行	随时可调	随时可调
中国光大银行	3 个月后	3 个月后
华夏银行	6 个月后	2 个月后
浦发银行	4 个月后	1 个月后

百科链接　*临时额度需全额还清，且无法进行账单分期*

临时额度不同于信用卡固定额度，它只能在当期使用，到期后即失效。

因此，在对临时额度进行还款时，需要全额还款，而且不能进行分期还款，也不能像固定额度那样享受到最低还款额还款。如果临时额度不能全额还款，则会产生逾期记录。

3.2.2
选择适合自己的提额方式

信用卡的初始信用额度是发卡银行根据持卡人提交的材料，经过综合评估得出来的一个参考数据。此种方式对大部分持卡人而言是比较合适的，不过持卡人在使用信用卡的过程中，如果觉得当前信用额度不够使用，可以向发卡银行申请提额。信用卡提额的方式有多种，其具体介绍如下。

◆ **临时提额**：因为节假日、出差、装修或旅游等短期需要而增加额度，持卡人可以申请提升临时额度，这样比较容易通过审批。不过，该信用额度只是临时的，对提升永久额度的影响较小。

◆ **次数取胜**：频繁使用信用卡，只要能刷卡的地方就坚持使用信用卡进行消费。因为持卡人经常刷卡，发卡银行的系统就会认为信用卡是持卡人的生活必需品。

◆ **金额取胜**：通常情况下，每月所产生的账单消费情况至少是总额度的 30% 以上，就容易引起发卡银行的关注。

◆ **休眠暂停**：可以在某个时期内停止使用信用卡，发卡银行为了留住客户，会对休眠卡的启用采取一定的鼓励措施，如奖励提额。当初花费了很多精力才招揽到的客户，发卡银行不愿意就这样让客户流失。

◆ **持之以恒**：持续使用电话向发卡银行申请提额，因为不同客服面对持卡人的申请会有不同的处理方式。

◆ **销卡威胁**：适当对发卡银行进行威胁，如果不提升额度就销卡，有时会奏效。

◆ **最低还款**：最低还款和逾期都会产生利息、逾期会影响征信，而最低还款会让银行获取收益，那么银行也更愿意给你提额。

◆ **曲线提额**：通过不间断申请同一家发卡银行的信用卡，从而达到提高个人总额度的目的。

◆ **抓住时机**：提额的时期也很重要，在账单日或者在信用卡刚刚刷爆的时候申请，效果最为明显。一般情况下，在额度快要用完时系统会提示自动提升临时额度。

◆ **补充资料**：在发卡银行的官网上补充更加详细的个人资料，提供更多的资信证明资料。

◆ **持续消费**：连续3个月进行刷卡消费，中间不能间断，即每月都要有消费，此方式在持卡初期对提额具有较大作用。

◆ **外汇交易**：如果持卡人拥有外汇消费能力，则可以选择通过信用卡进行外汇交易。在实现盈利的目的下来回存取款，从而增加交易次数。

3.2.3

银行让提高临时额度，该不该提呢

信用卡在使用一段时间后，持卡人不仅可以主动向发卡银行申请提升额度，发卡银行也会根据持卡人的情况邀请其提高额度。通常情况下，发卡银行会要求持卡人提高临时额度，那么持卡人该不该接受发卡银行的邀请呢？

1. 信用卡临时额度的优点

虽然临时额度与固定额度不同，但是也可以用来透支刷卡，对于临时有大额消费的持卡人来说还是具有一些优点的，其具体优点如图3-3所示。

获得积分

与固定额度一样，使用临时额度也能为信用卡积累积分。使用信用卡积分可以去信用卡商城换购生活用品，一年下来也可以省下一大笔钱。而对于经常出差的持卡人，更多的积分也意味着可以兑换更多的飞行里程数，减少自己的消费。

解决资金困境

在持卡人急需资金且信用卡额度不足的情况下，临时额度可以帮助持卡人及时解决该难题。而申请临时限额比固定限额更为容易，一般只要持卡人没有逾期记录，就可以成功申请临时额度。

利于提额

对于大多数发卡银行而言，申请临时额度可以促进固定额度的提高。这主要是因为临时信用额度的提升可以反映持卡人对信用额度的需求，也就是当前的固定额度不够使用。额度提升后，持卡人只要保持良好的信用记录，就能给发卡银行留下良好的印象。

图 3-3　信用卡临时额度的优点

2. 信用卡临时额度的缺点

当然，信用卡临时额度也存在一些缺点，需要持卡人在申请临时额度时特别注意，其具体介绍如下所示。

◆　有使用期限

简单而言，临时额度就是临时使用的，信用卡使用临时额度到期后会恢复到原来的固定额度。当然，不同的发卡银行具有不同期限的临时额度，通常为 1 ~ 3 个月。

◆　无法做账单分期

对于大部分发卡银行而言，临时额度的账单需要全额还款，不能享受最低还款，且不能分期还款。如果持卡人没有进行全额还款，则会生成逾期记录。

3.3 提额适当，避免走入信用卡提额误区

当前，信用卡记录良好的持卡人只需要拨打发卡银行电话，就可以快速提升信用额度。不过，信用卡作为一种提前消费的方式，持卡人应该合理规划自己的消费计划，不可因信用卡额度得到提高而进行盲目消费。虽然提升信用卡额度可以使消费更加便利，但对持卡人来说也存在着一定的风险。

3.3.1
临时额度的免息还款期有限制

每到重大节假日，发卡银行为了刺激持卡人刷卡消费，会邀请持卡人提高信用卡的临时额度。不过，信用卡的临时额度都有一定时间限制，到期后会自动恢复到原来的信用额度，所以持卡人要按时归还消费的临时额度。

前面介绍到，临时额度有期限限制，而不同发卡银行对临时额度的有效期规定各不相同。例如，招商银行的临时额度期限通常为 30 天、中国光大银行的临时额度通常为 45 天以及兴业银行的临时额度最长为 1 个月等。若持卡人使用的是临时额度，在规定还款日前未能及时还款，银行将会收取相应的超限费与滞纳金。

例如，持卡人的信用额度为 5000 元，临时额度提升至 8000 元，如果持卡人当期消费了 6000 元，那么下期账单中的最低还款额为 5000×10%+1000=1500 元，若持卡人根据自己以往的经验还入

5000×10%=500 元（最低还款额计算方式），那么就会产生逾期还款记录，持卡人就需要支付超限费与滞纳金。其中，各发卡银行的临时额度有效期与超限费都不同，其具体介绍如表 3-4 所示。

表 3-4　各发卡银行信用卡临时额度的具体情况表

银行名称	可提高信用额度	有效期	超限费
中国银行	一般为 10% ~ 50%	一般为 60 天	超过限额的 5%
中国工商银行	一般为 10% ~ 30%	一般为 60 天	最低 1 元，最高 500 元
中国建设银行	一般为 10% ~ 30%	最长为 90 天	最低 5 元
交通银行	一般为 10% ~ 30%	一般为 60 天	最低 5 元
招商银行	一般为 30% ~ 50%	一般为 30 天	无
中国民生银行	一般为 10% ~ 50%	一般为 15 天	最低 10 元
中信银行	一般为 10% ~ 50%	一般为 30 天	年利率 5%
广发银行	一般为 30% ~ 50%	一般为 30 天	最少 10 元
中国光大银行	一般为 30% ~ 50%	一般为 45 天	超过限额的 5%
兴业银行	一般为 30% ~ 50%	一般为 30 天	最少 10 元

虽然提高临时额度可以帮助持卡人解决当前的消费危机，但是信用卡额度越高，透支的金额就会越多。这对意志不坚定的持卡人而言，容易纵容他们恶性超前消费，从而存在较大风险，具体如表 3-5 所示。

表 3-5　临时提额的风险

风险名称	内容
高额超限费	临时额度有一定的时间限制，如果逾期未还会产生高额的超限费，还会影响个人的征信
不能享受循环信用	一般情况下，临时额度不能享受循环信用，如果在使用过程中超过固定额度的部分，将自动转入下期对账单的最低还款额中，且必须在最后还款日之前还清

3.3.2
提额时防止信用卡盗刷

信用卡的信用额度提高后，若是被盗刷，则需要承担更大的经济压力，所以持卡人需要学会保护和正确使用信用卡。当然，持卡人最好是根据实际情况来提升信用卡额度，保证平时够用即可，不要过度提高信用额度。同时，持卡人也不要轻信那些可以提升额度的消息或捷径，下面来看一个例子。

案例

轻信信用卡提额导致被盗刷

在日常生活中，刘先生是一个不折不扣的"刷卡族"。去年，刘先生办理了一张信用额度为20000元的信用卡。在使用信用卡的过程中，刘先生享受着刷卡带来的便捷，但同时也为自己的"负债"担忧。

某日，刘先生上网时查看到一条可以帮助他人提高信用卡额度的信息，这让他心动不已。于是，刘先生毫不犹豫地拨通了对方的电话号码，对方告诉他，自己在发卡银行内有特殊关系，可以快速帮助持卡人提升信用卡额度，最低能提升到50000元。

最初，刘先生也有所怀疑，不过也没经得住高额度的诱惑，而且对方还承诺不成功不收费，这样就打消刘先生的疑虑，刘先生直接将自己的姓名与身份证号码告知了对方。

随后，对方以办理信用卡提额需要详细的信用卡资料为由，让刘先生提供姓名、身份号码、电话号码、信用卡卡号以及安全码等信息。此时，刘先生已经完全信任对方，并没有半点怀疑，答应了对方的要求，额度提升成功后支付了1000元手续费。

一个小时后，对方果然打来电话，告知他信用卡额度已经提升到

60000 元。不过，当欣喜不已的刘先生登录手机银行时，发现信用卡密码已经被修改，这才意识到自己被骗了。

于是，刘先生及时赶往发卡银行，经过工作人员的查询，才发现刘先生的信用卡额度确实得到了提高，但是非法分子利用持卡人的个人信息已经将信用卡中的钱取走，并对密码进行了修改。最后，工作人员告知刘先生，被盗刷的 60000 元必须由他自己承担。

其实，信用卡额度的提升都是由发卡银行的系统自动进行控制，而网上那些可以提升信用卡额度的方式基本行不通，但也不排除非法分子利用非法手段提额成功，不过他们的主要目的也是为了盗刷持卡人的信用卡。

3.3.3
你知道快速提额的几大误区吗

对于持卡人而言，养成良好的用卡习惯对信用卡提额具有很大的帮助。不过，许多持卡人的信用卡额度一直提升不上去，有可能是步入了提额误区，被发卡银行"重点关注"后就难以提额了。其中，快速提额的常见误区有以下几种。

◆　境外刷卡能提额

对于部分持卡人而言，他们会盲目地认为境外刷卡可以帮助提额。在某种程度上来说，经常在境外刷卡确实利于提额，因为发卡银行会认为持卡人的经济条件很好。

不过，持卡人需要注意的是，并不是境外所有的地方进行刷卡都有利于提额。如果持卡人在境外套现频发地区刷卡消费，这样不仅不会得到提额，反而会被发卡银行怀疑套现。通常情况下，境外的东南亚地区是套现的频发地，所以去这些地方时要谨慎刷卡，避免被发卡银行降额。

◆ 多刷卡能提额

通常情况下，想要提额一定要多刷卡，但多刷卡却并不一定能提额，因为持卡人还需要有正确的刷卡方式。如果持卡人平时经常乱刷卡，如把信用额度刷爆、经常在半夜刷卡以及常在固定 POS 机上刷卡，都很难被发卡银行提额。

◆ 找快速提额中介

任何人都不能完全保证可以提高信用卡额度，所以持卡人千万不能轻信那些提额"中介"，从而把信用卡的信息泄漏给对方，造成巨大的财产损失。通常情况下，不法分子会假借帮助持卡人提额的名义，获得持卡人的信用卡信息，或以手续费之名骗取钱财。

◆ 正常刷卡能提额

信用卡是否能提额，主要取决于持卡人的个人资质和用卡情况，虽然持卡人每次都能正常刷卡消费，但若是个人资质不好或用卡情况不达标，同样无法获得发卡银行的提额。

因此，持卡人要不断改善自己的个人资质，同时要坚持正确使用信用卡，千万要避免信用卡套现，否则提额不成反而可能被封卡。

◆ 盲目提额刷卡

信用卡有了较高的信用额度，并不意味着可以无尽的刷卡，因为刷卡容易刷出风险。常见的风险有 3 种，分别是信用风险、财务风险和法律风险。因此，持卡人要合理、适当地使用信用卡，特别对于还款能力有限的持卡人。

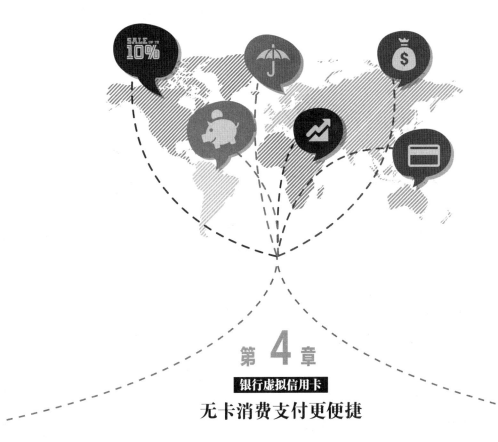

第 **4** 章

银行虚拟信用卡

无卡消费支付更便捷

目前，随着互联网的快速发展，无纸化消费、无纸化支付已经越来越普及，传统的刷卡消费时代已经开始慢慢淡去，信用卡也迎来了"虚拟时代"。各发卡银行为了满足市场要求，纷纷推出虚拟信用卡业务，方便持卡人在网上进行购物、充值等。

4.1 走近银行虚拟信用卡

信用卡的使用在一定程度上方便了我们的生活，但在个人信息安全方面也存在一定纰漏。而银行的虚拟信用卡则可以很好地解决这个问题，不用携带信用卡，也不用再申请实体卡，能有效减少被盗刷的风险，卡号、安全码的复制问题也得以解决，让持卡人更放心。

4.1.1
银行虚拟信用卡的基本认识

许多用户都不太了解银行的虚拟信用卡，觉得虚拟信用卡没多大用。其实，虚拟信用卡是虚拟银行卡的一种，与实体介质的信用卡不同，是基于银行卡上的 BIN 码所派生出来的虚拟账号，可以用于支付结算，持卡人也可以使用虚拟信用卡参与各种刷卡优惠活动。

不过，虚拟信用卡没有实卡，只凭账号和密码进行消费，绑定支付宝或微信也可以直接扫码支付。另外，虚拟信用卡也有单独的账户，可以线上申请后直接激活，避免烦琐的流程。

总体而言，银行的虚拟信用卡按照与实体信用卡的关系及实现方式的不同，可以分为三大类，其具体介绍如下。

◆ **主卡型虚拟信用卡**：属于独立完整的主账户，不依赖于实体信用卡，如建设银行龙卡 e 付卡。

◆ **依附于实体卡的附属信用卡**：也就是附卡型虚拟信用卡，该类信用卡可以通过一张主卡申请若干个虚拟信用卡账户，但是还款时不需要每个账户单独进行还款，也不需要另行缴纳年费，一切交由主卡即可，如中国银行虚拟信用卡、中信银行网付卡等。

◆ **映射型虚拟信用卡：**应用于 Apple Pay、Samsung Pay、HCE 云闪付等的信用卡。

由于虚拟信用卡没有实体卡的形式，所以就降低了信用卡被盗刷的风险，与实体信用卡一样，大部分虚拟信用卡也可以设置交易限额和有效期，还可以根据实际需要选择停用或启用卡片，尤其对于海淘持卡人而言，在不购物时可以暂时停用卡片，从而避免信用卡被盗刷。

目前，手机、身份证和银行卡同时丢失而导致的风险无法规避，从而容易发生因伪冒申请而损害消费者合法权益的事件。

另外，因为虚拟信用卡申领过程比较简单，使用额度小不易被发卡银行察觉，很容易成为不法分子借助的手段。例如，不法分子利用账户实名的漏洞，申请多张虚拟信用卡进行洗钱活动。

4.1.2
虚拟信用卡和实体信用卡的区别

虽然银行的虚拟信用卡与实体信用卡都属于信用卡，但还是存在某些差别的，一个是虚拟的卡片形式，另一个是实体卡片。我们可以从申请方式、使用期限以及卡片形式等角度来对二者进行区别，具体介绍如表 4-1 所示。

表 4-1　虚拟信用卡与实体信用卡的区别

区别	虚拟信用卡	实体信用卡
申请方式	申请银行的虚拟信用卡，只需要拨打银行客服电话或进入银行官网即可申请	申请银行的实体信用卡，需要提交各类申请资料，还要等待银行漫长的审核和邮寄
使用时间	虚拟信用卡的账号有两种，一种是一次性使用的，另一种是可以充值后继续使用	通常情况下，实体信用卡的有效期为 3 ~ 5 年。达到有效期后，就需要更换信用卡
卡片形式	虚拟信用卡没有实体卡，只是在网络上进行交易的一个账号。因此，管理起来更方便，使用时也更安全	实体信用卡需要携带在身上，还要防止被盗、丢失、信息泄露等不可预知的危险

要点提示

从申请方式中可以看出，申请虚拟信用卡的程序比申请实体信用卡更加简单便捷，等待的时间也相对短很多。

4.2　银行虚拟信用卡的使用指南

对银行虚拟信用卡有了初步了解后，就可以开始申请并使用虚拟信用卡。不同发卡银行的虚拟信用卡在使用过程中存在细微区别，但总体上还是相同的，如虚拟信用卡的申请、激活以及提额等。

4.2.1
银行虚拟信用卡怎么申请

目前，中国银行、浦发银行以及中国建设银行等已相继推出"虚

拟银行卡"业务，这种基于信用卡上的银联、VISA 以及万事达卡 BIN
码派生出来的虚拟账号，可以在一张实体信用卡的基础上申请多张，
持卡人只需要通过发卡银行的网上银行或信用卡客服电话就可以直接
申请，下面以中国建设银行为例进行介绍。

　　在手机上下载中国建设银行 APP，启用并登录 APP，进入到首页中，
点击"信用卡申请"按钮。进入到"信用卡申请"页面中，在信用卡
产品列表中找到"龙卡 e 付卡"选项，点击其右下角的"在线申请"按钮。
如图 4-1 所示。

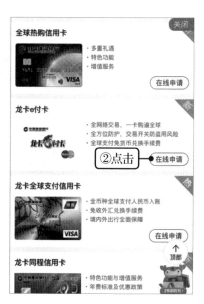

图 4-1　选择目标信用卡

　　此时，可以查看到页面提醒"您申请的信用卡为：龙卡 e 付卡"，
在"选择卡面"栏中可以选择虚拟信用卡的类型，如这里选择"VISA 版"。
在"填写身份信息"栏中依次输入中文姓名、身份证号、手机号与
验证码，然后点击"获取验证码"按钮，将获取的验证码输入到"手
机验证码"文本框中。如图 4-2 所示。

图 4-2　选择卡面并填写身份信息

在"阅读协议"栏中同意相关协议，在文字段落中选择相应文本，点击"下一步"按钮，然后根据页面提示完成相关操作即可。如图 4-3 所示。

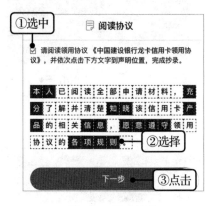

图 4-3　同意协议

4.2.2

银行虚拟信用卡怎么开通

大多数发卡银行的虚拟信用卡申请后，不能马上用于刷卡消费，还需要等待一段时间，待发卡银行审核后开通。开通虚拟信用卡的流程比实体信用卡便捷很多，其具体步骤如图 4-4 所示。

第一步：持卡人收到发卡银行的短信通知后，携带有效身份证件前往发卡银行网点进行面签。

↓

第二步：面签完成后，拿到激活的虚拟信用卡回执单，回执单上附有虚拟信用卡的卡号。

↓

第三步：审批通过后，发卡银行会给持卡人发送短信，短信中含有虚拟信用卡的相关信息

图 4-4 开通虚拟信用卡的步骤

其实，并不是所有虚拟信用卡申请后都需要到发卡银行进行面签与审批的。例如，广发小白 Cloud 虚拟卡在申请成功后，直接通过信用卡 APP 即可激活使用。

激活成功后，持卡人通过短信验证获取卡号、有效期、安全码等信息，即可在手机银行中进行绑定，然后将其添加到微信支付、支付宝支付、Apple Pay 支付以及闪付等快捷方式中，不管是线上还是线下，境内还是境外，都可以使用该虚拟信用卡进行支付。

4.2.3
查询银行虚拟信用卡

由于虚拟信用卡与实体信用卡不同，它的各种信息无法通过实体卡片进行显示。在进行相关交易时，想要了解虚拟信用卡的卡号、有效期以及安全码等信息，则需要手动查询。下面以在微信 APP 中查询浦发银行的 E-GO 信用卡信息为例进行相关介绍。

进入手机微信 APP 中，点击主界面右上角的"添加"按钮，选择"添

加朋友"选项。在搜索框中输入"浦发银行信用卡",然后点击"搜索"
按钮。如图 4-5 所示。

图 4-5　搜索发卡银行微信公众号

在搜索结果中选择"搜一搜 浦发银行信用卡"选项,然后在显示
的列表中选择"浦发银行信用卡 公众号"选项。如图 4-6 所示。

图 4-6　选择发卡银行微信公众号

进入到"浦发银行信用卡"页面中,点击"关注公众号"按钮关
注浦发银行信用卡。进入到浦发银行信用卡中心微信公众号中,输入
并发送"ego 卡"文本。如图 4-7 所示。

图 4-7 进入微信公众号中

根据"E-GO 卡"菜单的数字排序，输入并发送"浦发 E-GO 卡信息查询"的相应序号，如这里输入并发送"8"。根据聊天界面显示的提示信息，点击"点击这里，立即查询"超链接。如图 4-8 所示。

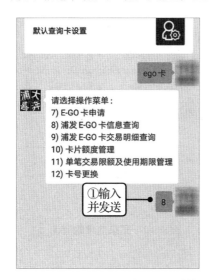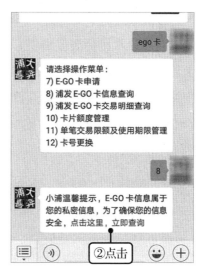

图 4-8 对信用卡信息进行查询

进入到"浦发 E-GO 卡查询"页面中，选中目标信用卡选项前的单选按钮，点击"提交"按钮。查询前需要对持卡人进行身份验证，点击"获取"按钮，动态密码将以手机短信的形式发送至持卡人的签约手机，输入正确的动态密码后，点击"提交"按钮即可。如图 4-9 所示。

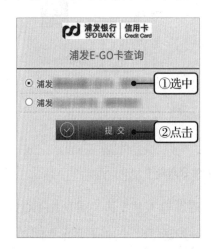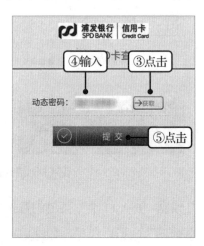

图 4-9   对持卡人进行身份验证

身份验证完成后，在打开的页面中即可查看目标虚拟信用卡的卡号、有效期和安全码信息。将相关信息输入在线商户结算页面的相应栏位后，即可完成交易。如图 4-10 所示。

图 4-10   完成信息的查询

4.2.4

银行虚拟信用卡提额

与实体信用卡一样，虚拟信用卡在使用了一段时间过后，也可以向发卡银行申请提升信用额度，提升额度的方式也差不多，主要包括以下几种常用的技巧。

◆ 经常使用虚拟信用卡进行消费。

◆ 适当对虚拟信用卡进行分期。

◆ 不要逾期还款，避免出现不良信用记录。

◆ 不要总是在固定商户处消费，要在不同行业的商场处消费。

◆ 适当对虚拟信用卡进行取现操作。

除了以上常规的提额技巧以外，不同发卡银行的政策也不同，各家发卡银行的虚拟信用卡也存在有针对性的提额技巧，其具体介绍如表 4-2 所示。

表 4-2　各家发卡银行虚拟信用卡的提额技巧

发卡银行	提额技巧
中国银行	持卡人可以将旧的虚拟信用卡注销，然后重新申请新的虚拟信用卡
中国建设银行	虚拟信用卡每月的消费次数达到 10 次以上，还可以适当地进行分期
广发银行	虚拟信用卡每月的消费次数越多越好，消费金额最好达到信用额度的 80% ～ 90%，还可以适当进行分期付款
中信银行	虚拟信用卡每月的消费次数越多越好，持卡人需要按时全额进行还款
浦发银行	可以使用积分进行消费，持卡人要有资产证明，如房产、车产及理财产品等并保持良好的信用记录

总体而言，银行虚拟信用卡的提额是比较容易的，与实体信用卡的提额技巧比较相似。在本书的第 3 章与第 8 章都有对实体信用卡提额技巧进行讲解，持卡人可以从中总结经验与窍门。

4.3 盘点常见银行虚拟信用卡

目前，很多发卡银行都推出了自家的虚拟信用卡，这种新型的虚拟信用卡也受到了很多持卡人的青睐。由于各家发卡银行推出的虚拟信用卡各具特色，为了让用户更加全面的了解这些虚拟信用卡，挑选出适合自己的虚拟信用卡，本节将对一些常用的虚拟信用卡进行介绍。

4.3.1

中信银行网付信用卡

中信银行网付信用卡是中信银行信用卡中心推出专用于网络安全支付的创新服务信用卡，属于附属卡性质的虚拟信用卡。如果持卡人持有中信银行的银联单币信用卡，可以自助开通指定网络交易用途的网付卡数字账号，然后根据自己的消费习惯设置网付卡的支付限额、有效期以及交易渠道，由此大大降低网络支付风险，保障账户安全。

也就是说，中信银行网付信用卡暂时必须绑定实体卡才能用，与实体卡额度共享。每张主卡每年最多可以申请 5 张网付卡，网付卡的积分规则与主卡保持一致，可以参与的优惠活动也与主卡保持一致，且不收取申请费用和年费。其中，网付卡具有以下几点优势。

◆ **极速开通**：三秒自助开通，即开即用，快速支付，途径随意选，操作简单。

◆ **管理消费**：可以针对不同消费场景设置指定的交易用途，可以同时开通多张网付卡。

◆ **额度共享**：所有网付卡服务共享实体主卡账户额度。

◆ **交易安全**：持卡人可以根据实际需求自主设置支付限额及有效期，有效降低网上支付风险。

想要开通中信银行网付卡，就必须持有中信银行"62"开头的银联单币信用卡，持有其他类型的信用卡则无法申请开通网付卡，如蓝卡、公务卡持卡人等。

目前，中信银行网付卡的开通方式主要有两种，即可通过中信银行信用卡 APP"动力空间"开通和通过中信银行信用卡官方微信开通。下面以通过中信银行信用卡 APP"动力空间"开通为例介绍相关操作。

下载并安装中信银行信用卡 APP"动力空间"，然后进入 APP 主页中，点击"信用卡"选项卡，点击"更多"按钮。进入到"信用卡功能"页面中，点击"网付卡"按钮，然后根据页面提示绑定信用卡并填写短信验证码即可申请开通。如图 4-11 所示。

图 4-11　通过中信信用卡 APP"动力空间"开通

网付卡成功开通后，持卡人可以根据生成的网付卡卡号、有效期、CVV2 开始进行网络安全支付。另外，中信网付卡还可以绑定微信、支付宝等第三方快捷支付平台。

4.3.2
建设银行龙卡 e 付卡

中国建设银行推出的龙卡 e 付卡是一款主卡型虚拟卡，用于独立完整的主账户，不依赖于实体信用卡，如图 4-12 所示。

图 4-12　龙卡 e 付卡

建设银行龙卡 e 付卡与实体信用卡的功能几乎一模一样，除了没有卡片，并且不仅可以在线上使用，还可以绑到 Apple Pay、HCE 等云闪付设备上，用于线下进行支付。其中，建设银行龙卡 e 付卡具有如图 4-13 所示的特点。

线上支付可支持各类卡组织支付，如网银支付、第三方快捷支付等；线下支付可以结合 Apple Pay、云闪付等移动工具，还可以在 POS 机上消费。另外，还能在 ATM 机上进行取现操作。

龙卡 e 付卡具有交易开关功能，可以随时开启或关闭交易，能够避免信用卡被盗刷。此外，该卡还具有"全网络交易""全方位防护""全币种支付"等特色功能和权益。

可以在各大海淘平台及境外购物网站中使用，外币交易后能实现自动购汇，从而免除外汇兑换手续费。

建设银行信用卡一般都是通过刷卡次数来减免年费，或者使用积分来兑换年费。不过，建设银行龙卡 e 付卡采取的措施是卡片有效期内享受免年费的优惠政策。

图 4-13   建设银行龙卡 e 付卡的特点

不论用户有没有建设银行信用卡，都可以申请龙卡 e 付卡。申请龙卡 e 付卡分为两种方式，即网上申请和线下申请。网上申请的效率会比线下申请要高很多，特别是资质和信用条件好的用户，可能会碰上秒批。

不管用户选择哪种方式申请建设银行龙卡 e 付卡，都需要经过以下几个阶段。

◆   第一步：信用卡申请

不管是网上还是线下，申请建设银行龙卡 e 付卡需要先填写申请表，表格中的内容比较简单，填写完之后提交申请表，然后耐心等待银行审核。

◆   第二步：信用卡审核

由于网上申请和线下申请的操作不同，所以审核时间会存在差异。如果是线下申请，发卡银行审核信用卡前需要将申请人的信息录入系统，然后进入审核阶段，这个审核时间比较长，通常需要 15 ~ 30 天才会出结果；如果是线上申请，通常在 10 个工作日内就会审核完成并出结果，最快可以达到秒批。

◆ 第三步：信用卡面签

由于线下申请需要本人到发卡银行的网点进行，所以不需要面签。如果是网上申请，新客户会被要求到发卡银行的网点进行面签，而面签的时间通常为 1 天。

整个流程下来，所花费的时间通常在一个月内。资质好的申请人在申请当天就能获得审批，然后可以通过短信验证获取卡号、有效期和安全码等信息。随后，持卡人就可以在手机银行或个人网银进行安全绑定并使用了，不管是线上还是线下，境内还是境外，均支持使用。

> **百科链接** *龙卡 e 付卡可以取现*
>
> 龙卡 e 付卡虽然具有取现功能，但没有实体卡片，无法直接在 ATM 机上插卡来取现。此时，需要借助移动支付工具进行取现，且要具备两个条件。
>
> 第一，持卡人的手机必须具备 NFC 功能，并且在云闪付、Apple Pay 等移动支付工具上绑定了龙卡 e 付卡；第二，取现的 ATM 机必须支持无卡取现。满足以上两个条件后，就可以通过以下方法进行取现。
>
> ◆ 先找一台有无卡取现功能的 ATM 机。
>
> ◆ 在 ATM 机上点击"无卡取现"按钮，此时会出现一个二维码。
>
> ◆ 用绑定了龙卡 e 付卡的手机扫描二维码，进入信用卡账户。
>
> ◆ 点击"取现"按钮，按照提示操作即可完成取现。

4.3.3
浦发银行 E-GO 信用卡

浦发银行 E-GO 信用卡是浦发银行信用卡中心在互联网业务创新领域，独家联合 VISA、美国运通、万事达和银联四大国际卡组织，推出的一款全新的网购神器，如图 4-14 所示。

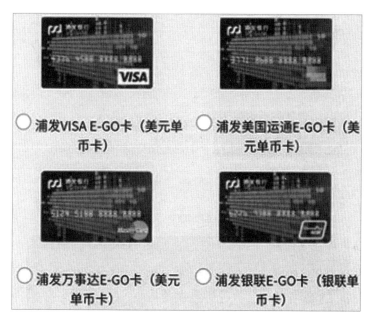

图 4-14 浦发银行 E-GO 信用卡

浦发银行 E-GO 信用卡是一种在已有信用卡账户下设置的虚拟小卡片，依附于实体卡片，将与线下消费完全进行区分，作为线上独立账户，专门用于网络消费。

持卡人相当于同时拥有银联、VISA、美国运通和万事达 4 张卡片，通过该信用卡进行海淘，可以获得更多在线优惠，如图 4-15 所示。

银联专区 ●

约惠浦发银联E-GO卡，购票双重礼

VISA专区 ●

尊享欧美海淘国际运费低至8折优惠

- 尊享Borderlinx常规国际货运首单**8折**及后续订单**95折**
- 以标准且运费支付升级为特快运送服务

美国运通专区 ●

浦发美国运通E-GO卡邀你专享双重海淘礼遇

万事达卡专区 ●

网购全球万事达，乐游赏不尽！

使用万事达E-GO卡通过乐游赏平台的链接在线购物，即可获得**5%**万事达卡乐游赏奖励金。每消费**20美元**，可赚取**1美元**等值奖励，赚取奖励无上限！

在线商户遍布日本、澳大利亚等热门地区，涵盖酒店、电子、美妆和综合类知名商户。

图 4-15　浦发银行 E-GO 信用卡合作商户的优惠活动

浦发 E-GO 信用卡为喜欢网购的消费者打开了新世界，让持卡人体验到"足不出户，全球购物"的快感，从而不再被空间距离和支付门槛所限制。除此之外，浦发银行 E-GO 信用卡还有四大优势，具体介绍如图 4-16 所示。

即申即用
如果用户是浦发银行现有持卡人，马上登陆浦发银行信用卡网站申请 E-GO 信用卡，快速核发卡片，做到即申即用；如果用户还不是浦发银行持卡人，那么需要先申请一张浦发银行的实体信用卡，核卡后即可申办 E-GO 信用卡。

独立网购账户自由控制
浦发 E-GO 信用卡是可以进行线上交易及云闪付交易的独立虚拟账户，该卡归属于持卡人的浦发银行个人信用卡账户下，持卡人可以自由设置 E-GO 信用卡的消费额度和使用期限，也可随时暂停或开启卡片的使用，最大限度避免信用卡盗刷风险。

四大卡组织商户优惠
联合全球最知名四大国际卡组织的自有平台，即美国运通英美在线网站、VISA 海淘平台、万事达卡海淘平台和银联在线商户，拥有专属返利、转运平台和一站式服务，一网打尽全球在线商户优惠，轻松购买心仪商品。

免外汇兑换手续费
不管持卡人选择哪种外币进行消费，都可以自动购汇人民币入账，同时免除所有的外汇兑换手续费，信用卡还可以终身免年费。

图 4-16　浦发银行 E-GO 信用卡合作商户的优惠活动

要点提示

持卡人成功申请 E-GO 信用卡的当日起，5 年有效，E-GO 信用卡的有效期无法改变。持卡人可以对浦发 E-GO 信用卡进行自定义使用期限的设置，即设置 E-GO 信用卡可以使用的时间段。

4.3.4

农业银行信用币

农业银行信用币是中国农业银行根据银联银行卡管理规范，发行的无实体介质的虚拟信用卡产品，符合条件的农业银行信用卡客户或者其他个人客户都可以申请。目前，申请农业银行信用币很简单，满足以下条件即可申请。

- ◆ 必须是农业银行信用卡用户，申请人必须拥有至少一张农业银行信用卡。
- ◆ 申请人名下至少有一张农业银行贷记卡（必须为实体卡，商务卡除外）为正常状态。
- ◆ 符合条件的农业银行个人优质用户，如房贷客户、合约客户。

在申请农业银行信用币之前，申请人还需要了解一些相关属性，如年费、账单日、最长免息期以及额度等，其具体介绍如表4-3所示。

表4-3　信用币的相关属性

属性名称	介绍
年费	无年费
账单日	每月23日
最长免息期	还款日为账单日之后19天，最长50天免息期
额度	目前试运行期间，网银渠道申请不高于1万元，柜台渠道申请不高于3万元
计息方式	与实体信用卡一致
还款渠道	与实体信用卡一致
分期付款	与实体信用卡一致

目前，申请人可以通过手机银行和柜面申请，该卡无实物卡，1分

钟建账，卡号发送到客户的手机银行。想要激活卡片、设置密码、账单查询以及约定还款维护等操作，都只能在手机银行上进行，其具体申请方法如下。

下载并安装农业银行手机 APP，然后进入 APP 主页中，点击"信用卡"按钮。进入到"信用卡"页面中，然后选择"信用币"选项。如图 4-17 所示。

图 4-17 选择信用币

进入到"信用币"页面中，点击"看看我能申请多少"按钮。在打开的页面中可以查看预授信额度，然后选中相应协议前的单选按钮，点击"下一步"按钮即可完成申请。如图 4-18 所示。

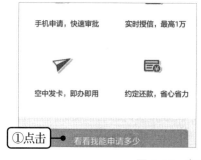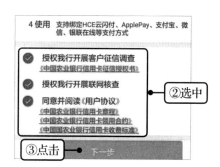

图 4-18 完成信用币的申请

信用币申请成功后，就能查看到账户号、有效期、CVV2 以及额度等信息。然后根据页面提示对账户进行激活，只需要设置支付密码与查询密码，就能成功激活账户。

农业银行信用币可以进行现金分期，也可以绑定各种支付平台进行在线支付。持卡人可以将信用币账号用于农业银行网上快捷支付或网银支付；通过绑定银联在线支付、支付宝、微信等账户用于第三方渠道支付；开通农业银行云闪付（含 Apple Pay 或 HCE 云闪付）可以用于实体商户支付，其使用渠道如图 4-19 所示。

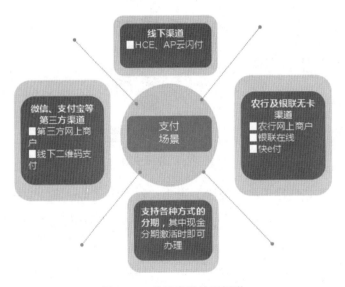

图 4-19　信用币的使用渠道

要点提示

持卡人需要注意的是，如果已经拥有一张农业银行的信用卡，在申请信用币后，信用币额度和已持有的信用卡是共享额度的。

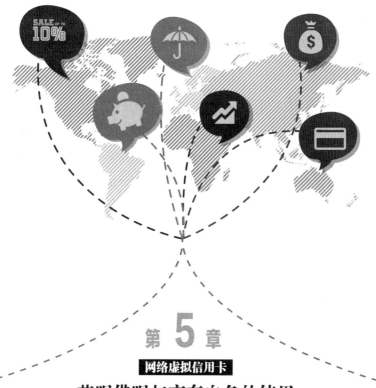

第 5 章

网络虚拟信用卡

花呗借呗与京东白条的使用

　　除了信用卡以外，我们平时涉及的消费信用贷款
还有很多，最常用的就是蚂蚁花呗、蚂蚁借呗以及京
东白条。它们都是互联网与经济发展后应运而生的金
融产品，逐渐改变着人们的支付方式，被统称为"网
络虚拟信用卡"。

5.1 蚂蚁花呗，透支消费便利多

蚂蚁花呗是蚂蚁金服推出的一款消费信贷产品，用户申请开通后，初期可以获得 500 ~ 50000 元不等的消费额度。在消费时，用户可以预支蚂蚁花呗的额度，从而享受到"先消费，后付款"的购物体验。

5.1.1
蚂蚁花呗的常用消费

蚂蚁花呗出现后，被称为是支付宝中的"网络虚拟信用卡"，与信用卡一样可以让用户先消费后付款，所以很多用户在生活中会开通花呗来使用。不过，并不是所有地方都可以使用花呗。

此前，蚂蚁花呗主要在阿里系的电商平台使用，如淘宝和天猫等。现在蚂蚁花呗已经走出了阿里系，接入了多家大型电商平台，如国美、苏宁等，甚至已经从线上支付发展到了线下支付。

◆ 购物网站

目前，有 40 多家购物网站支持使用蚂蚁花呗进行付款，这些网站包括：淘宝网、聚美优品、唯品会、一号店、亚马逊、当当网、银泰网、麦包包、海尔商城、有货、沪江网店、李宁、魅力惠、洋码头、走秀网、我买网、优购网、蜜淘网、国美在线、北京顺丰优选、贝贝网、东方购物、好乐买、乐蜂网、楚楚街、折 800、小米网、魅族、华为商城、OPPO、联想、VIVO、乐视、酷派、饿了么、百度糯米、美团网、大众点评、拉手网、途虎养车网、养车点点、优酷、大疆、掌阅 ireader 以及中文起点等。

另外，还有其他很多没有纳入的网站平台，只要支持支付宝付款，基本上也可以使用蚂蚁花呗。

◆ 商场购物

支付宝宣布收钱码升级后，线下也开始支持蚂蚁花呗支付。也就是说，线下购物、吃饭的商场与店铺，只要支持支付宝付款，就可以使用蚂蚁花呗。而且很多小摊贩（如水果摊），也可以像大商场一样，让顾客享受"这月买，下月还"的服务。

另外，支付宝的扩展范围已经延伸到国外，许多热门旅游国家的机场商铺已经支持支付宝付款了，用户可以像在国内一样使用蚂蚁花呗进行付款。

◆ 日常消费

在日常生活中，看电影、点外卖、网络打车以及生活缴费等消费，大部分都支持使用蚂蚁花呗，这对于年轻人而言操作起来毫无压力。

由此可知，用户平时可以多使用蚂蚁花呗，绑定借记卡并设置自动还款就不用担心逾期了。而经常使用蚂蚁花呗不仅可以积累信用，提高额度，还能让系统判定自己为"优质活跃"客户，从而给予更多权限。

百科链接 *哪些地方不可以使用蚂蚁花呗*

通常来讲，有两种情况不可以使用蚂蚁花呗：第一，部分线下的商家并没有开通蚂蚁花呗支付的功能，所以此类商家不能使用蚂蚁花呗支付；第二，蚂蚁花呗最开始用于网购消费，现在涉及购物、旅行以及娱乐等消费场景中，不过投资理财、股票证券这一类的场景中，还不能使用蚂蚁花呗。

5.1.2

如何开通花呗

不过，想要享受花呗带来的服务，首先需要在支付宝中开通花呗，其具体操作如下。

通过手机下载并登录支付宝APP，在支付宝的主界面中点击"我的"按钮。进入"我的"页面中，在列表中选择"花呗"选项。如图5-1所示。

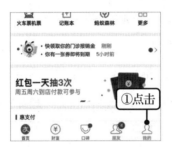

图 5-1 进入"花呗"页面

进入"花呗"页面中，点击"同意协议并开通花呗"按钮，在打开的页面输入支付宝的支付密码。如图5-2所示。

图 5-2 输入支付密码

此时，系统会提示用户成功开通花呗并获得相应的额度，点击页面右上角的"完成"按钮，即可返回到花呗详情页面中。如图5-3所示。

图 5-3　成功开通花呗

5.1.3
花呗账单明细查询

蚂蚁花呗使用起来非常方便，所以很多用户已经习惯使用花呗进行支付。花呗的出账日是每月 1 号（现在每年可以修改一次），账单内的明细包括上个月 10 号到当月的 1 号，花呗的账单日期在消费次月的第一天，账单会计入前一月产生的所有金额。如果用户想要查询支付宝花呗每个月的消费明细，可以通过以下方法来操作。

在支付宝的主界面中点击"我的"按钮，选择"花呗"选项。进入"花呗"页面中，点击"我的账单"超链接。如图 5-4 所示。

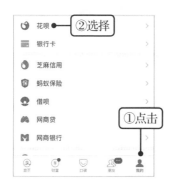

图 5-4　进入"花呗"页面

此时，可以查看到当月的账单总额与账单明细，点击右上角的"更多"按钮，在打开的列表中选择"历史账单"选项。如图 5-5 所示。

图 5-5　查看账单总额与明细

进入"历史账单"页面中，在列表中可以选择目标月份选项进行查看，如这里选择"11 月账单"选项，即可查看到 11 月的账单明细。如图 5-6 所示。

图 5-6　查看账单明细

5.1.4

花呗已出账单还款

用户为了方便或在手上没有充足资金的情况下，可以使用蚂蚁花呗付款。当然，与信用卡一样，蚂蚁花呗也有还款的时间限制。蚂蚁花呗的具体还款方式有两种，分别是自动还款与主动还款，下面我们来看看主动还款如何操作。

在支付宝的主界面中点击"我的"按钮，选择"花呗"选项。进入"花呗"页面中，点击"立即还款"按钮。如图 5-7 所示。

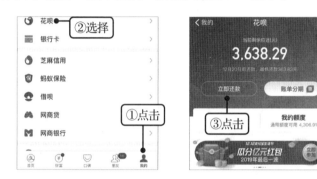

图 5-7　进入还款页面

进入到"还款"页面中，选中"还款"单选按钮（可自定义还款金额），点击"确认还款"按钮。在打开的"确认付款"页面选择付款方式，点击"立即付款"按钮。如图 5-8 所示。

图 5-8　对花呗进行还款

在打开的"请输入支付密码"页面输入支付宝的支付密码，这时会显示还款结果在处理中，稍等一下就会出现还款结果，会看到还款成功。如图5-9所示。

图5-9　输入支付密码

设置花呗自动还款

　　如果用户总是忘记为花呗还款，则可以设置自动还款，其具体操作是：进入支付宝的"花呗"页面中，在其底部点击"我的"按钮，选择"自动还款设置"选项。进入到"自动还款设置"页面中，选择"自动全额还款"选项即可。如图5-10所示。

图5-10　设置自动还款

要点提示

通常情况下，蚂蚁花呗的还款顺序是先归还已出账单，再归还未出账单。如果选择提前还款，还款金额会先用于归还已出账单，然后剩余的部分用于归还未出账单。

5.1.5

花呗账单分期还款

随着支付宝支付场景越来越多，使用花呗替代信用卡的用户也越来越多。与信用卡一样，花呗也可以进行账单分期，其具体操作如下。

在支付宝的主界面中点击"我的"按钮，选择"花呗"选项。进入"花呗"页面，点击"账单分期"按钮。如图 5-11 所示。

图 5-11　进入账单分期页面

进入到"账单分期"页面中，依次设置分期金额、期数与优惠，可以查看到每期的还款金额与手续费，点击"确认分期"按钮。如图 5-12 所示。

图 5-12　设置花呗分期

在打开的"确认分期"页面中可以查看到分期的详细信息，点击"确定"按钮确认分期。此时会显示分期成功的信息，点击右上角的"完成"按钮即可完成操作。如图 5-13 所示。

图 5-13　完成花呗分期

5.1.6

花呗"禁忌"千万不要触碰

随着时间的不断推移，支付宝也越来越成熟，其功能覆盖到了人们生活的方方面面，不过使用最多的还要属蚂蚁花呗这个功能。蚂蚁花呗虽然好用，但也存在一些不能触碰的"禁忌"，其具体介绍如下。

◆ **花呗套现**：目前，很多店铺都开通了花呗收款，有人就想利用这个机会进行套现，毕竟是"正常"的买卖。不过，支付宝后台都有数据，系统会对交易进行检测，一经发现就会进行非常严厉的处罚，甚至会封号。其实，花呗套现行为的性质是极其恶劣的，因为花呗介绍中明文规定禁止套现。

◆ **还款逾期**：现在是信息网络时代，如果出现逾期就会降低信用值，不过还是有人存着侥幸心理。其实，花呗在个人征信系统中是有信息记录的，面临花呗欠款时千万不能不还或者直接逾期。这样一来，信用以及额度都会受到一定程度的牵连，甚至面临牢狱之灾，毕竟支付宝对待这种欠款是零容忍的。

要点提示

使用蚂蚁花呗需要具备 7 个条件：①必须拥有自己的支付宝账户；②支付宝账户必须实名认证并绑定银行卡；③支付宝账户实名认证人的身份证年龄必须在 18 ~ 60 周岁；④最好支付宝关联的余额账户有资金存放；⑤有长期按时在支付宝给信用卡还款记录；⑥经常有在淘宝使用支付宝购物的记录；⑦芝麻信用最好达到 600 分以上。

5.2　蚂蚁借呗，借钱秒速到账

蚂蚁借呗是支付宝推出的一款贷款服务，目前的申请门槛是芝麻信用在 600 分以上。按照分数的不同，用户可以申请的贷款额度为 1000 ~ 300000 元不等。借呗的还款最长期限为 12 个月，贷款日利率是 0.045%，随借随还。

5.2.1
借呗额度设置

蚂蚁借呗是支付宝用户快速借款的重要平台，系统会根据每个人的实际情况设置最高额度。为了保证资金安全，用户可以调节借款额度，其具体操作如下。

在支付宝的主界面中点击"我的"按钮，选择"借呗"选项。进入到

"借呗"页面中，点击"我的"按钮。如图 5-14 所示。

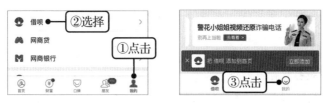

图 5-14 进入借呗页面

进入"我的"页面中，选择"我的额度"选项。进入"我的额度"页面后点击右上角的设置按钮。如图 5-15 所示。

图 5-15 进入额度设置页面

进入"调整借呗额度"页面中，调整借呗额度，点击"确认调整"按钮。调整完成后，点击右上角的"完成"按钮。如图 5-16 所示。

图 5-16 完成借呗额度调整

5.2.2

借呗秒速借款

在支付宝的众多功能中，用户使用率比较高的是花呗和借呗。不过，两者虽然有点相似，却也存在很大区别。花呗是直接消费额度，而借呗是可以支出钱款。对于急需资金周转的用户而言，借呗是更好的选择，具体借款操作如下。

在支付宝的主界面中点击"我的"按钮，选择"借呗"选项。进入"借呗"页面中，点击"去借钱"按钮。如图 5-17 所示。

图 5-17　进入借呗页面

进入到"借款"页面中，依次设置借款金额、借多久、怎么还与收款账户等，然后可以查看到还款计划与总利息，选中单选按钮同意相关协议，确认无误后点击"确认"按钮即可完成操作。如图 5-18 所示。

图 5-18　完成借款操作

百科链接 *蚂蚁借呗就是分期还款*

　　用户使用借呗借款成功之后，默认就是分期还款。不过，蚂蚁借呗的分期没有那么灵活，虽然可以提前还款，但是分期选项最多12个月，而信用卡可以达到24期，比借呗能够更好地缓解还款压力。另外，用户在进行蚂蚁借呗分期时需要注意以下4点。

◆ 默认情况下，借呗分期还款是12个月，不需要自行申请。如果需要分6个月，则要记得在分期项中进行选择。

◆ 借呗每期的还款日都一样，一定要记牢，用户可以在借呗的申请记录中查询到具体还款日期，千万别忘记还款造成逾期。

◆ 借呗可以在授信额度内随意申请借款金额，每次还款就可以实时恢复相应的授信额度。

◆ 借呗分期需要支付手续费，不管是12期还是6期，手续费都是固定的。

5.2.3

借呗提前还款

　　前面介绍到，蚂蚁借呗是分期还款，可以选择12个月或6个月分期还。每期也可以选择提前还款，利息按天计算，不管选择分期还是提前还款，日利率都在0.045%左右。因此，对于部分急需用钱且用钱时限较短的用户而言，可以考虑借呗借款，然后提前还款，其具体操作如下。

　　在支付宝的主界面中点击"我的"按钮，选择"借呗"选项。进入"借呗"页面中，点击"去还钱"按钮。如图5-19所示。

图 5-19　进入借呗页面

　　进入到"还款"页面中，点击"提前还款"选项卡，选中需要还款选项后的单选按钮，点击"去还款"按钮。进入到"提前还款"页面中，输入还款本金，可以查看到利息与手续费等信息，点击"确定"按钮。如图 5-20 所示。

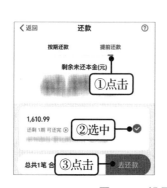 

图 5-20　设置提前还款金额

5.2.4

借呗提高额度的方法

　　蚂蚁借呗是一款比较常用的借贷产品，只要具有良好的信誉和资质，就能轻松获得额度。不过，借呗的初始额度通常都比较低，想要提高额度就得正确使用借呗。下面具体介绍借呗提额的相关方法。

◆ **完善个人资料**：及时完善个人信息，因为借呗不会查询个人征信，而是通过支付宝的资料来判断用户的财力、信誉情况。

◆ **授权支付宝查看公积金**：因为公积金能够体现出个人的收入水平及还款能力，公积金越高说明个人的收入水平越高，还款能力也越强，而且支付宝也会根据公积金数额给予用户相应的额度提升。

◆ **使用蚂蚁借呗且按时还款**：若用户使用借呗的频率很高，且每次都按时还款，就能积累较好的信用。不过，若用户提前还款，使支付宝的收益减少，则可能会导致下次的借呗借款利息上升。

◆ **在余额宝中存钱**：经常转钱到余额宝中，不管转多少，只要能产生收益即可。当然，余额宝中的资金是越多越好，这样不仅能提升借呗的额度，还能提升花呗的额度。

◆ **爱心捐赠**：在支付宝的爱心捐赠项目里面捐款，每个月捐 2～3 次，就算捐金额不高，也能证明自己是个爱心人士，所以能快速提升借呗的额度。

◆ **频繁使用支付宝**：提高支付宝的使用频率，线上或线下购物时都使用支付宝进行消费，这样能有效提升借呗额度。

◆ **购买理财产品**：在支付宝中购买理财产品，购买得越多，使用次数越多，就能越快速增加借呗的额度。

◆ **绑定卡片**：绑定银行卡、信用卡有助于提升个人的芝麻信用分，从而提升借呗额度。不过，不要绑定过多的信用卡，选择经常使用的信用卡，额度比较高，每月按时还款，能积累良好的信用记录。

5.3　京东白条，机党的支付帮手

京东白条是一款互联网消费金融产品，是京东推出的一种"先消费，后付款"的全新支付方式。在京东网站使用白条进行付款，可享有最长 30 天的延后付款期或最长 24 期的分期付款方式。此后，白条又逐步从赊购服务延伸到提供信用消费贷款，覆盖更多消费场景。

5.3.1
京东白条的开通和激活

京东白条是京东针对会员的一种增值服务，只要注册京东账号就存在京东白条功能。不过，想要使用京东白条还需要激活，而激活需要一定的信用度，就是与支付宝的蚂蚁借呗一样，需要活跃度与良好的信用。京东白条的开通和激活如下所示。

使用手机下载与运行京东 APP，进入"我的"页面中，点击"登录 / 注册"超链接。进入到京东登录页面中，点击"新用户注册"超链接。如图 5-21 所示。

图 5-21　进入登录 / 注册页面中

打开"注册协议及隐私政策"页面,查看相关协议和政策后,点击"同意"按钮。进入到"手机快速注册"页面中,输入手机号码,点击"下一步"按钮。如图 5-22 所示。

图 5-22　使用手机号码进行注册

滑动手指进行安全验证,验证通过后在弹出的提示对话框中点击"确认"按钮。如图 5-23 所示。

图 5-23　安全验证

点击"获取验证码"按钮,输入获取的验证码,点击"下一步"按钮。设置登录密码,点击"完成"按钮即可。如图 5-24 所示。

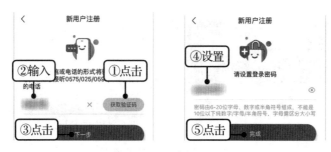

图 5-24　设置登录密码

完成账户注册后，系统会自动返回到"我的"页面中，点击"白条"按钮。进入到"白条激活"页面中，查看相关优惠信息，然后点击"立即激活白条"按钮。如图 5-25 所示。

图 5-25　开始激活白条

进入"实名认证"页面中，依次输入真实姓名和身份证号，点击"下一步"按钮。在打开的页面中依次输入银行卡号与银行卡预留手机号，然后仔细阅读相关协议，确认接受协议中所有内容后选中"我已阅读实名认证相关协议"单选按钮，点击"下一步"按钮，根据提示等待审核结果即可。如图 5-26 所示。

图 5-26　激活白条

5.3.2

京东白条如何使用

实际上，京东白条就是京东推出的信用贷款，额度通常为几千元到上万元不等，主要是用户在京东商城中购买商品时，可以使用白条来进行付款。

另外，京东还推出了白条优惠、白条分期等功能，用户还入所用费用即可恢复额度。其中，使用京东白条的具体操作如下。

进入京东 APP，在商城中选择心仪的商品，点击商品详情页面中的"立即购买"按钮。在打开的页面中依次设置类别与数量，点击"确定"按钮。如图 5-27 所示。

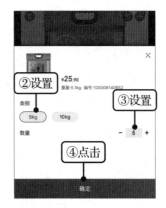

图 5-27　选择商品

进入"填写订单"页面中，依次设置收货地址、支付方式、配送、发票以及优惠券等信息，完成后点击"提交订单"按钮。进入到"京东收银台"页面中，选择白条支付选项，然后点击"不分期"按钮，点击"打白条支付"按钮，在打开的提示对话框中输入支付密码即可。如图 5-28 所示。

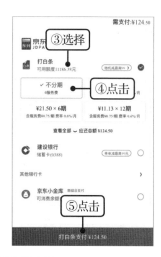

图 5-28　选择白条支付

5.3.3

京东白条怎么还款

自从京东推出白条后，许多用户在京东商城中进行购物时都会选择白条进行支付，打白条已经成为许多京东用户的首选。那么，使用白条进行支付后该怎么还款呢？其具体介绍如下。

进入京东 APP，在"我的"页面中点击"白条"按钮。进入到"京东白条"页面中，可以查看到当月待还的金额，直接选择金额选项，如图 5-29 所示。

图 5-29　选择待还金额

进入"账单详情"页面中，可以查看到具体的账单金额明细，点击"立即还款"按钮。进入到"还款"页面中，选中"还款"单选按钮，设置还款金额，点击"支付"按钮。如图 5-30 所示。

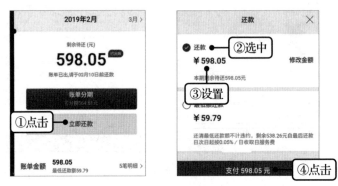

图 5-30　立即还款

进入"京东支付"页面中，选择支付方式，点击"立即支付"按钮。在打开的提示页面中输入支付密码，即可完成京东白条还款。如图 5-31 所示。

图 5-31　完成白条还款

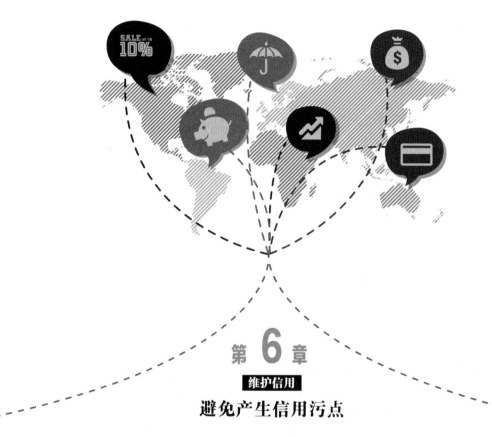

第 6 章

维护信用

避免产生信用污点

　　任何事情都具有双面性，信用卡也不例外。持卡人在享受信用卡带来的好处时，也需要注意其潜在的风险。信用卡若使用不当就会产生个人信用污点，从而给持卡人的金融活动带来麻烦。因此，持卡人应该合理使用信用卡，有效规避信用卡所带来的信用污点。

6.1 看懂个人征信，办卡提额不求人

个人征信记录是根据公民的工作收入与资产、已发生的借贷与偿还、信用透支、发生不良信用时所受处罚与诉讼情况，对个人的信用等级进行评估，并随时记录、存档，以便其他组织或机构对个人信用进行判断，从而进行一些信用产品的交易。在市场经济条件下，个人征信记录直接反映了个人的信用状况，因此对个人而言就显得尤为重要。

6.1.1
查询征信的 4 种常用方法

为了规范征信中心、征信分中心及查询网点受理个人信用报告查询的业务操作，确保个人信用报告的安全合法使用，中国人民银行根据《中国人民银行个人信用信息基础数据库管理暂行办法》和《中国人民银行个人信用信息基础数据库信用报告本人查询规程》等规定特制了个人信用报告查询业务，让人们及时了解自己的信用状况，从而更好地从事投资理财活动。

另外，随着信用社会的建设，不管是就业、贷款，还是乘坐飞机、高铁等交通工具出行，都会参考个人的征信情况。但是很多人从来都不关注，甚至都没有查看过自己的真实征信情况，也不知道从何查起。网上许多广告说可以查询个人征信报告，但多数为第三方链接，这样容易泄露个人隐私信息。

其实，从 2014 年 6 月 9 日起，公众查询报告的常见方式有 4 种，分别是通过央行征信中心官网、征信自助查询机、银行的贷款查询柜台和央行征信中心柜台。

1. 央行征信中心官网查询

央行征信中心官网查询个人信用报告是最便捷的一种方式，它是中国人民银行自主开发的一套专业的个人信用报告网上查询系统，可以使用户足不出户就能了解自己的信用情况。

进入到中国人民银行征信中心网站中（https://ipcrs.pbccrc.org.cn/），在首页中单击"马上开始"按钮。在打开的"用户登录"页面的"新用户注册"栏中单击"新用户注册"按钮。如图 6-1 所示。

图 6-1　进行新用户注册

打开"用户注册"页面，在"填写身份信息"选项卡中依次输入姓名、证件号码和验证码，选中"我已阅读并同意《服务协议》"单选按钮，单击"下一步"按钮。如图 6-2 所示。

图 6-2　填写身份信息

在"补充用户信息"选项卡中依次输入登录名、密码、电子邮箱和手机号码，单击"获取动态码"按钮。将手机上收到的动态码输入到"动态码"文本框中，单击"提交"按钮。如图6-3所示。

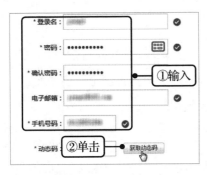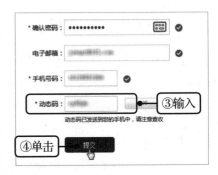

图6-3　补充用户信息

注册成功以后，在"完成注册"选项卡中单击"立即登录"超链接。进入到"用户登录"页面中，依次输入登录名、密码和验证码，单击"登录"按钮登录个人征信系统。如图6-4所示。

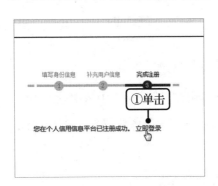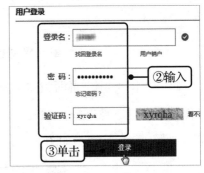

图6-4　完成注册并登录系统

此时，系统会直接打开新手导航提示页面，单击"确定"按钮，在"安全等级变更"选项卡中单击"下一步"按钮。进入登记变更页面，在"选择验证方式"栏中选中一种验证方式的单选按钮，如选中"问题验证"单选按钮，单击"下一步"按钮，如图6-5所示。

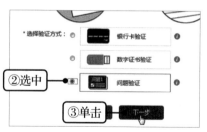

图 6-5　进行安全等级变更

　　在打开的身份验证页面中，如实回答相应的问题，回答完成后单击"下一步"按钮。然后进入"提交查询申请"选项卡中，在"选项信用报告"栏中选中需要查询的信息复选框，单击"下一步"按钮完成申请。如图 6-6 所示。

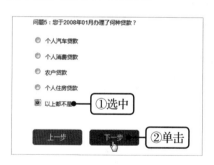
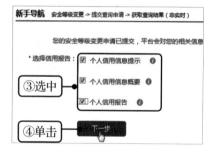

图 6-6　提交查询申请

　　在提交查询申请的 24 小时后，用户重新登录平台，在"信息服务"栏中单击"获取信用信息"超链接，选中需要查询的信息前的单选按钮，输入身份验证码，单击"提交"按钮即可查看信用结果。如图 6-7 所示。

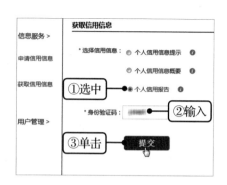

图 6-7　查询信用报告

2. 征信自助查询机查询

征信自助查询机通常具有银灰色的外壳，配有液晶屏幕、摄像头，其外观与常见的 ATM 机取款机类似。不过，征信自助查询机的屏幕下方并没有类似 ATM 机的数字键盘，却拥有一个身份证感应区和纸质报告的打印出口，如图 6-8 所示。

图 6-8　征信自助查询机

通常情况下，每人每年使用征信自助查询机有两次免费查询并打印个人信用报告的机会，且每次查询只需要 1 分钟即可完成。其中，使用自助查询机查询个人信用报告需要注意如表 6-1 所示的事项。

表 6-1　自助查询机查询个人信用报告的注意事项

名称	内容
事项一	使用征信自助查询机查询个人信用报告业务，仅限于本人办理
事项二	征信自助查询机只能识别二代身份证，使用其他有效身份证件可以到柜台进行人工查询
事项三	进行拍照时，退半步并直视征信查询机上方的摄像头，在取景框内保持完整的头像
事项四	查询成功后，请取走自己的身份证件，并核对报告的完整性

3. 银行的贷款查询柜台查询

随着国民经济的快速发展，人们越来越关注个人的信用状况，到中国人民银行查询个人信用报告的数量也快速增长。为了提高个人信用报告查询的服务效率，拓宽查询渠道，中国人民银行授权给一些商业银行实行代理查询，如中国银行、招商银行等。

不过，这种情况通常是在银行办理贷款申请业务时，申请人授权后才能去查询。因此，这种方式最好不要使用，因为查询一次就会在征信后面的查询记录上显示，对以后的贷款申请会有影响，同时个人查询次数也要尽量少用。

百科链接 *网上银行查询*

除了常见的 4 种查询方式，查询人还可以通过网上银行查询个人征信报告。例如，招商银行和中信银行针对开户的用户在网银客户端有定制的个人信用报告查询服务。其具体操作为：插上开户银行的 U 盾，打开网银客户端就可以登录账户并进行查询。

4. 央行征信中心柜台查询

使用央行征信中心官网查询个人信用报告，只需要通过电脑即可快速免费获取信用报告。虽然可以足不出户进行查询，但是由于一些条件限制，在特殊情况下，查询人还是需要去央行征信中心柜台进行查询，常见的特殊情况如下。

◆ 如果急需查询个人信用报告，想当天就能获得结果，此时需要去央行征信中心柜台进行查询，因为央行征信中心官网查询当天不会显示结果。

◆ 对于不熟悉网络操作的查询人或者回答不出私密性问题，又没有数字证书，两种身份验证都无法正常操作的，则只能到央行征信中心柜台进行查询。

◆ 由于征信自助查询机上每人每年只能免费查询两次，超过两次
则需要去指定的分点柜台打印查询。例如，北京查询超过两次
后每次是 25 元一份，具体的查询地址和电话还需要参考央行
征信中心官网提供的"全国各征信分中心及查询点联系方式"。

要点提示

中国人民银行征信中心自 2014 年 6 月 3 日起，开始对个人查询本人
信用报告实施收费措施，每年前两次查询免费，第 3 次及以上的查询，每
次需要缴纳 25 元的查询费。2014 年的个人查询次数自 2014 年 6 月 3 日开
始计算，2015 年以后每年的查询次数都从当年的 1 月 1 日起计算。

6.1.2
良好的信用记录有哪些好处

对每一个人来说，征信报告都有着非常重要的作用，如果拥有比
较良好的征信记录，在很多方面都可以走"直通车"。所谓个人信用报告，
就是一份个人信用信息的客观纪录，主要记录了个人全部信用支付历
史，其中包括以下几个方面。

◆ 各种受表彰记录。

◆ 依法应交税费的欠缴记录。

◆ 与金融机构发生信贷关系形成的履约记录。

◆ 与其他机构或个人发生借贷关系形成的履约记录。

◆ 与商业机构、公用事业单位发生赊购关系形成的履约记录。

◆ 与住房公积金、社会保险等机构发生经济关系形成的履约记录。

◆ 其他有可能影响个人信用状况的刑事处罚、行政处罚、行政处分或民事赔偿记录。

因此，平时我们应该注意维护好自己的信用记录，可以在关键时候能帮到忙。那么，良好的信用记录有哪些好处呢？

1. 信用卡或贷款

如果个人征信良好，在办理信用卡或贷款时可以更加顺利，尤其是小额信用贷款，征信是非常重要的凭证，不仅能快速通过银行的贷款或信用卡等审批，还可能在金额、利率上获得优惠。

2. 贷款额度高

如果用户的负债率低、征信优良，银行会愿意多贷一些钱给该用户，该用户就属于优质客户，既有还款能力又急缺钱。例如，招商银行信用卡的信用贷款最高可申请到 30 万元，可是要拥有良好的信用记录，普通的银行信用贷款大多是几千元的额度。

3. 房贷容易通过

在购买住房时，不管是申请商业贷款还是公积金贷款，都需要对申请人的征信报告进行审核。如果申请人因为征信不良被拒，那么会严重影响买房进度，不仅会错失心爱的住房，还会因为房价上涨而支付更高的房款。

4. 节省时间

银行需要了解的很多信息都在用户的征信报告中，所以不会再花其他时间去做调查，核查用户在借款申请表上填报信息的真实性。

简单而言，征信上不仅如实记录了用户的个人资料，还包括信贷记录、违法乱纪记录等，是了解个人经济实力、按时还款最直接的方式。

6.1.3

如何保持良好的个人征信

目前，个人征信越来越重要，不仅是在银行贷款才看重个人征信，就连求职单位、学校、出行、酒店以及其他公共服务系统都会参考服务对象的征信。

不过，生活中有一些行为却会对个人的信用留下不好的记录。影响个人征信报告的主要因素是逾期还款，而许多用户的逾期还款都是信用卡导致的。

另外，由于当前盛行消费信贷，互联网产品纷纷提供了借款途径，如蚂蚁花呗、蚂蚁借呗以及京东白条等，这些借贷产品的信用报告也会被记录到央行的征信记录中。如果用户在这些网络借贷平台中借了钱却忘记还款的话，也会影响到个人征信。若一个人的征信报告出现连续 3 次、累积 6 次逾期或长时间欠款不还，就会被拉入黑名单。

按照我国《征信业管理条例》第三章、第十六条中的规定：征信机构对个人不良信息的保存期限，自不良行为或者事件终止之日起为 5 年；超过 5 年的，应当予以删除。

简单而言，个人不良记录会被保存 5 年，5 年后旧数据才会被刷新。因此，在这期间凡是金融机构或者其他公共服务系统查看到具有污点的个人征信报告，通常都会拒绝申请，很难借到钱甚至会影响子女入学和个人工作的。那么，如何保持一份良好的个人征信呢？

1. 管好个人信息

如果用户更换了手机号码，则需要及时到金融机构更新个人信息，避免因无法及时收到信息而导致逾期。另外，不要随意将自己的身份证件交予他人，更不要将自己的个人信息泄露给他人。如果发现自己的信息被他人盗用，要及时报案，维护自己的合法权益，减少损失。

2. 定期查询征信报告

通常情况下，至少一年查询一次征信报告，了解自己征信的同时，还可以查看一下个人征信资料是否存在异常情况。例如，个人信息错误或者更新、是否有人冒用自己信息申请贷款等。

3. 合理使用信用卡

目前，大部分年轻人都办理了信用卡。因此，在使用信用卡的过程中一定要记得按时还款，因为信用卡逾期最容易影响征信，一旦出现逾期记录，就会被保留 5 年信息，就算销卡也不会消失。另外，一些特殊信用卡即便是没有激活，也会收取年费，如果持卡人忘记缴纳年费，同样会产生逾期记录。

4. 谨慎替人做担保

在当前社会，为他人做担保是比较常见的事情。不过，担保人需要注意的是，如果被保人出现逾期还款，担保人也需要承担连带责任，不仅被保人的征信会受到影响，担保人也会受到影响。

5. 不要频繁申请信用卡

频繁申请信用卡容易导致贷款被拒绝，因为每次申请信用卡都会产生一次信用卡审批查询记录，申请的次数越多，查询的次数就越多。通常银行对信用卡查询次数都有明确规定，一般两个月内不得超过 4 次，一旦超过规定的次数，会直接导致信用卡的信用贷款被拒绝，且被拒绝半年后再申请该家银行的信用卡的信用贷时大概率也会被拒绝。

6. 稳定的工作

工作是否稳定与工作单位也是影响征信的一大因素，因为征信报告上会直接记录用户过往的工作、现在工作情况、工作单位以及工资收入等。

通常情况下，银行最欢迎政府公务员、教师、医生以及央企国企员工，其次是世界五百强、上市公司以及中型企业等。另外，长期稳定在一个单位工作至少一年以上，也会为征信加分。如果频繁更换工作，会让银行工作人员判断申请人没有稳定的工资收入。同时，社保与公积金的缴纳情况、纳税情况也是征信的一个重要指标，银行会根据这些信息推断出申请人的工资情况。

6.2 避免错误的行为导致不良信用记录

征信报告中详细地记载了个人的用卡信息，一旦用户出现信用污点，就会对以后的房贷、车贷以及出国等造成很大的影响。因此，用户需要对信用记录污点有一个全面的认识，避免错误的行为导致不良信用记录。

6.2.1
及时注销睡眠卡

睡眠卡就是指在一定时间内没有使用过的，或者没有激活过的信用卡。刘先生今年刚毕业，他最近收到了一份 925.4 元的账单。经过回想，他想起 3 年前在大学时办理过一张学生信用卡，激活后一直没有使用过。此卡的年费虽然只有 30 元，但是 3 年后利息加上违约金，居然变成了 900 多元。

其实，许多用户是为了得到赠品而申请信用卡的，在信用卡审批下来后却没有激活使用，让卡片变成了"睡眠卡"。然而却不知道"睡眠卡"有的也需要缴纳年费，若不缴纳就会产生高额罚息与不良信用记录。

按照信用卡的等级不同，发卡银行每年会收取 10 ～ 200 元不等的年费（信用卡金卡与普卡），到期发卡银行会在账户内自动扣费。对于大多数发卡银行而言，刷信用卡 3 ～ 6 次就可以免除次年年费。不过，有的发卡银行却要刷卡 18 次才能免次年年费，这就给睡眠卡带来了较大隐患，每年扣除的年费会形成欠款，而欠款将会按照透支消费对待。

如果透支超过了免息期，欠款将会被收取利息和违约金，且会按照"利滚利"的方式进行计算。因此，睡眠卡要及时注销。另外，信用卡并非越多越好，因为信用卡过于分散不仅不利于消费积累，还有可能产生信用不良的记录。

要点提示

2009 年 8 月，银监会正式下发《关于进一步规范信用卡业务的通知》，对信用卡中的"潜规则"进行了整改——办理信用卡后持卡人未激活，银行业金融机构不得扣收任何费用。而对于已经激活却没有使用的信用卡收费情况，每家银行的规定都不一样。但是截至 2013 年 1 月，大部分银行都不会对睡眠卡自动销户，而且还会收费。

6.2.2
控制信用卡额度透支率

使用信用卡的最大好处就是可以透支，尤其是对年轻人而言，没有较多的储蓄，常常会面临资金紧张的情况，因此信用卡透支就成了"救命稻草"，可以暂时渡过难关。

前面我们提到要合理使用信用卡，合理使用信用卡除了按时偿还信用卡欠款外，还需要控制信用卡额度的透支率，因为不注意信用卡额度的透支率也会对个人信用产生负面影响。信用卡额度透支率是指账单日后信用卡发卡银行给个人征信机构上报的信用额度透支率，下面来看个例子。

案例

信用卡额度透支率的计算

刘小姐拥有两张信用卡，第一张信用卡有 10000 元信用额度，最近的对账单上显示她因消费而欠银行 5000 元，那么信用额度透支率为 $5000 \div 10000 = 50\%$；第二张信用卡有 20000 元信用额度，对账单显示她需要还款 6000 元，那么该张信用卡的信用额度透支率为 $6000 \div 20000 = 30\%$。

同时，个人征信机构还会记录刘小姐所有信用卡的总信用额度透支率，即（5000+6000）÷（10000+20000）= 36.7%。

通常情况下，征信机构会根据持卡人的信用额度透支率，来评估其信用分数。其中，信用额度透支率越高，表明该用户信用就越差。也就是说，该持卡人对信用卡额度越依赖，还款日进行全额还款的概率就越低，风险也就越高。同时，若该持卡人继续申请新的信用卡或贷款，那么发卡银行就会觉得风险较大。

其实，这种说法与信用卡发卡银行是互相矛盾的，因为发卡银行希望持卡人使用更多的信用额度，这样才能从商户那里收取到更多的刷卡手续费。那么，信用卡额度透支率保持多少比较合适呢？综合各方面的因素，信用卡额度透支率保持在 10% ~ 30% 为最佳。也就是说，刘小姐的信用卡可以在信用额度内随意使用，只要在账单日来临之前进行部分还款，将信用卡的消费欠款控制在 10% ~ 30% 即可。

另外，持卡人不要轻易注销信用卡，而提升信用卡的信用额度就能降低信用卡额度的透支率。例如，如果刘小姐第一张信用卡消费了 8000 元，那么该信用卡的透支率为 80%，只要在账单日之前还款 6000 元，那么账单上只需要还款 2000 元，发卡银行上报给信用机构的信用卡额度透支率就变成了 20%。此方法对于部分返现优惠的信用卡特别有用，因为用得越多返现就越多，同时也不会因为信用额度透支率过高而降低信用积分。

要点提示

其实，信用卡额度的透支率为 0（即账单日前全部还款或者根本不使用信用卡）也不好，因为信用机构觉得持卡人根本没有信用使用记录，也就不利于积累良好的信用。

6.2.3
还最低还款额不一定免罚息

持卡人都知道信用卡有最低还款，就是持卡人在到期还款日前偿还全部应付款项有困难时，可以按照发卡银行规定的最低还款额进行还款，但是不能享受免息期待遇，最低还款额为消费金额的 10% 加其他各类应付款项。

因此，许多持卡人就会认为只要偿还了最低还款额，银行就不会收取违约金，也不计算利息，其实这种认知是错误的。

案例

还最低还款额并不一定免息

去年，吴先生大专毕业后到某单位从事库管工作，由于只是第一年工作，所以年薪不足 4 万元。由于资金压力较大，于是他向两家发卡银行申请了信用卡，而这两家银行分别为其批出了 1.3 万元和 2 万元的信用额度。

吴先生一度把两张卡额度全部透支，虽然已经偿还了大半，但原有的信用卡债务加上罚息已经累计至 2.5 万元。吴先生在最开始每月只还最低还款额，直至一张信用卡无信用额度不能再刷卡消费后，就再用另一张信用卡"以卡养卡"。

但利息累计起来，还最低还款额也具有较大压力了。另外，吴先生和公司领导不和，很快就辞职了。此时，他的信用卡债务只有让他乡下年迈的双亲来替他想办法，而他家里的经济情况并不好，吴先生后悔不已。

其实，根据信用卡的基本功能，并没有要求必须在规定期限内足额还款，不过持卡人需要支付相应的利息。目前，大部分银行都设置最低还款额的比例，只要按期偿还最低还款额，发卡银行就不会认为持卡人逾期。不过，在没有全额还款的情况下，发卡银行都要按每天 0.05% 的比例收取利息费。

而吴先生这种消费无节制的情况，就只能选择信用卡的最低还款，当吴先生在还款日的还款额为零或者低于最低还款额，发卡银行就要开始向他进行催收，连续 3 个月未能按时还款就会在个人信用上留下不良记录。

因此，持卡人有钱就尽量全额还款，只有在钱不够又没有其他可行办法的情况下，才可先还最低还款额。虽然还最低还款额不会直接有罚息，但像吴先生这样朝着不良的还款方向发展，就会被收取高额罚息。

6.3 如何消除不良信用记录

由于信用卡可以提前消费的功能，许多人都拥有多家发卡银行的信用卡，合理使用会给持卡人的日常生活带来许多便利。不过，持卡人若是不注意用卡细节，不仅会使个人信用产生污点，影响到用户的信贷及其他活动。因此，出现不良记录就要想办法尽量消除。

6.3.1
如何远离信用污点

由于个人信用记录越来越重要，所以持卡人在使用信用卡时，必须要远离信用污点。其实，大部分持卡人的信用污点都是无意间的疏忽导致的，如工作繁忙忘记还款日、不了解信用卡规定等。

因此，为了避免因为疏忽而导致的信用污点，持卡人需要注意以下几点事项。

◆ 开通短信余额提醒：开通信用卡账户余额的短信提醒服务，每个月都可以提前知道还款金额和最后还款期。

◆ 开通自动还款功能：可以将同一家发卡银行的信用卡与借记卡进行绑定，然后开通信用卡的自动还款功能。只要到了还款期，持卡人没有手动进行还款，系统就会自动从借记卡中全额扣款，不过借记卡中需要有足够金额偿还信用卡当前账单。

◆ 利用记账软件记账：现在大部分手机都可以安装记账软件，通常都具有信用卡的记账功能。持卡人为了方便，还可以单独为信用卡准备一个记账笔记本，用于记录信用卡的消费金额、还款金额以及最后还款期等。

◆ 手机设置备忘录提醒：在手机中设置每月定时提醒还款的备忘录，从而提醒持卡人及时还款。

◆ 利用其他提示方法：可以让自己身边的亲朋好友每月提醒自己还款，或在日历中标记出还款时间。

持卡人还要养成查询个人信用记录的习惯，以及时了解自己是否产生了信用污点。如果查询到自己的信用记录中存在信用污点，而这污点不是因为自己的原因产生的或者与实际情况不符，可以自己或者委托代理人进行申诉，具体操作流程如图6-9所示。

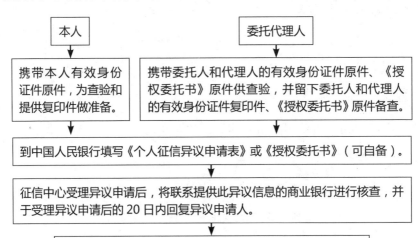

图6-9 信用卡不良记录的申诉流程

不论持卡人选择何种申述方式，在申诉过程中都需要填写《个人征信异议申请表》，在表中有一项"异议描述"，该项中的内容必须包含异议所涉及的业务，以便于征信中心能准确定位异议信息。另外，申请人还要保证填写的电话号码完全正确，以便异议处理工作人员在必要时与申请人取得联系。

委托代理人在提出异议申请时，不仅需要填写《个人征信异议申请表》，还需要如实填写《授权委托书》，如图 6-10 所示。

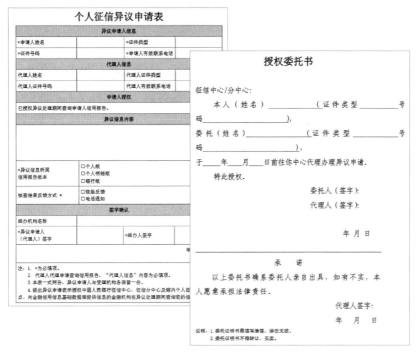

图 6-10　《个人征信异议申请表》与《授权委托书》

6.3.2

信用污点的处理方法

由于个人信用报告越来越重要，所以许多持卡人担心自己的信用报告中出现信用污点，从而影响到自己的个人信用。其实，信用污点只能说明持卡人在某项业务中没有按时履行自己的义务，并不能完全说明该持卡人的个人信用存在问题。当持卡人出现信用污点时，还有一些比较实用的处理方法，其具体介绍如下。

◆ **用好记录抹去不好记录**：目前，按照个人信用记录的相关政策，只会保留个人最近 24 个月的信用记录情况。也就是说，虽然持卡人存在信用污点，但是只要在两年内保持良好的信用记录，那么就能抹去信用污点所产生的影响。

◆ **及时还清欠款与利息**：每个持卡人都必须承认自己所犯下的错误，虽然扣罚的利息高达 0.05%，但是也要及时还清信用卡的欠款与利息，这也是处理信用污点的一种比较实用的方法。

◆ **不要轻易注销信用卡**：若信用卡因为逾期还款而产生了不良记录，还款后持卡人不要立即去注销信用卡，避免信用记录中逾期还款记录没有来得及修复，从而长时间没有改善个人信用状况。此时，持卡人需要继续正常使用该张信用卡，到两年后，不良记录就会自动抹去。

6.3.3

哪些信用污点可以删除

若持卡人的不良记录不是由于恶意逾期不还款导致，或由于发卡机构的失误造成，则可以向中国人民银行的征信中心提出异议申请，征信中心接到申请后会向相应的发卡银行进行核查，并在规定的工作日内回复异议申请人。

另外，异议申请人还可以发表个人声明，若申请人对个人信用记录存在不同意见，也可以向中国人民银行的征信中心申请提交个人声明，详细说明该不良记录的实际情况，并要求消除不良记录。

对于非恶意行为导致的不良信用记录，还是可以向发卡银行提出申请消除不良记录。主要分为 3 种情况，分别是未缴纳年费、小额欠款以及信用卡被盗刷引起的不良记录。

1. 未缴纳年费

目前，部分发卡银行并不会把信用卡年费逾期缴纳上报给中国人民银行征信中心，但仍然存在部分发卡银行会上报。此时，持卡人可以提前与发卡银行进行协商，如果持卡人的态度较好，发卡银行通常会宽容处理，不会坚持上报。

2. 小额欠款

对于大部分发卡银行而言，都具有"容差"还款业务。例如，在还款日过后还有 5 元或 10 元以内的欠款没有偿还，虽然这部分发卡银行不会再收取利息和违约金，不过还是可能会向征信中心上报持卡人的不良记录。

另外，信用卡透支与贷款不同，只要持卡人偿还了当期账单金额的最低还款额，就会被发卡银行视为全额还款，也就不会向征信中心上传不良记录。因此，对于小额欠款引起的不良记录，持卡人可以向发卡银行索要一份相关说明，从而向征信中心进行申诉。

3. 信用卡被盗刷

若持卡人的信用卡信息被不法分子盗用，则需要立即向公安机关报案，并且到发卡银行填写相关的说明书。随后发卡银行会启动长达 3 个月的调查期，如果确定持卡人的信用卡被盗刷，则会对持卡人的不良信用记录进行变更。

信用污点可以被删除

家住武汉的蒋先生，几年前在银行申办了一张信用卡。2019年9月，蒋先生收到发卡银行的信用卡电子邮件对账单，其中有一笔消费为8月6日在重庆某地通过POS机刷卡消费5000元。

为此，蒋先生向发卡银行提交了账务查询申明书，查询上述交易情况，并表示该笔消费并非本人消费，要求发卡银行拒付。8月7日，蒋先生到公安局报了案，根据发卡银行提供的POS机刷卡凭条，发现凭条上的持卡人签名为李×。蒋先生则认为该笔消费是被盗刷的，不是本人消费，因此拒绝发卡银行的还款要求。

发卡银行多次催缴蒋先生都没有偿还，于是冻结了蒋先生的信用卡，并向征信中心报送了蒋先生的不良征信记录。为此，蒋先生将发卡银行告上了法庭，要求发卡银行为其信用卡解冻，并撤销其上传的不良征信记录。

最后经过法院审理，虽然蒋先生提交的证据不足以支撑其关于伪卡的主张，但现有证据也不足以认定进行交易的就是真卡交易。而且签购单上签名为李×，蒋先生居住于武汉，交易却发生在重庆，蒋先生在得知交易当天即向发卡银行提出异议并及时报案，因此并不排除被盗刷的可能。在没有未查明确凿事实的情况下，蒋先生迟延支付系争款项的行为，并非失信的体现，所以发卡银行需要撤销蒋先生名下涉案信用卡的不良征信记录。

从上面的案例中可以看出，蒋先生的信用卡虽然被盗刷，但是他及时作出了正确的处理，从而避免了信用污点。

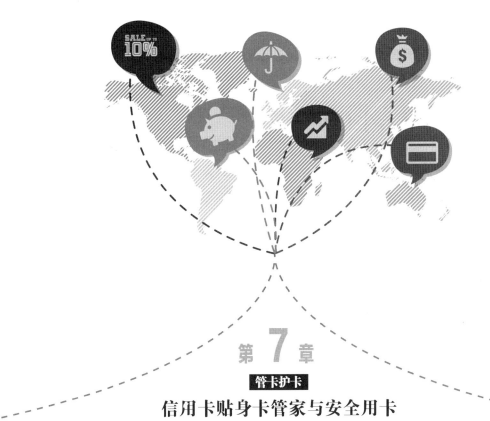

第 **7** 章

管卡护卡

信用卡贴身卡管家与安全用卡

　　随着信用卡的普及，许多持卡人都办理了多张信用卡，但是多张信用卡在管理时容易出现混乱，这时可以利用信用卡管家进行管理。另外，合理使用信用卡，不仅可以省钱，还可以赚钱；但使用不合理，就容易造成重大损失，所以持卡人要做到安全用卡。

7.1 巧用卡牛信用管家

随着个人财务的日益复杂化与智能化，理财类 APP 受到越来越多人的欢迎，因为其能给用户带来诸多便利，于是各种不同功能的理财类 APP 也如雨后春笋般出现，而卡牛信用管家就是最受持卡人信赖的信用卡管家之一。

7.1.1
使用卡牛 APP 添加多张信用卡

卡牛信用卡管家以随手记为基础，是目前信用卡管理品类中功能最齐全，安全保护体系最完善的信用卡管家软件之一。作为业界首创的全自动银行卡管理应用，主要提供账单解析、消费分析、用卡助手、线上办卡、在线征信以及在线贷款申请等服务。

其中，卡牛信用卡管家是通过自动读取短信中不同的卡号，自动生成不同账户的，暂时不支持手动添加信用卡，其具体操作如下。

在手机上下载并安装卡牛信用管家 APP，然后启动卡牛信用管家 APP，在打开的"用户隐私概要"页面中点击"同意"按钮。如图 7-1 所示。

图 7-1　启动卡牛信用管家 APP

进入功能介绍页面，点击"立即体验"按钮。进入到 APP 的主界面中，点击"我的"按钮。如图 7-2 所示。

图 7-2　进入"我的"页面

进入"我的"页面中，点击"未登入"按钮。在打开的"手机验证码登录"页面中输入手机号码，点击"获取"按钮，输入获取的手机验证码，然后点击"登录"按钮。如图 7-3 所示。

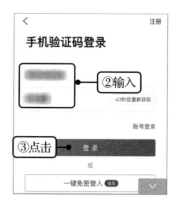

图 7-3　注册账号并登录

此时，系统会自动进行登录并进入到"我的"页面中，选择"我的银行卡"选项。进入到"我的银行卡"页面中，在"信用卡"选项卡中点击"立即添加"按钮。如图 7-4 所示。

图 7-4　进入"我的银行卡"页面中

进入"添加银行卡"页面中，在发卡银行列表中选择目标发卡银行选项，如这里选择"光大银行"选项。进入到"导入光大银行"页面中，点击"信用卡 – 卡号"选项卡，输入信用卡卡号，选中"同意用户授权协议"单选按钮，点击"开始登录"按钮。如图 7-5 所示。

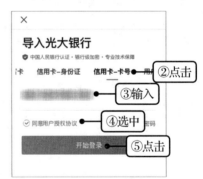

图 7-5　导入信用卡卡号

打开"请输入光大银行短信验证码"对话框，在文本框中输入手机收到的验证码，点击"确定"按钮。此时，系统将会开始导入信用卡信息，需要持卡人耐心等待片刻，导入成功后点击右上角的"完成"按钮，如图 7-6 所示。返回到"我的银行卡"页面中，即可在列表中查看到添加的信用卡。

图 7-6　成功添加信用卡

导入邮箱账单

对于持卡人而言，接收发卡银行的账单方式有很多，而邮箱账单是较为常用的一种。因此，持卡人在使用卡牛 APP 管理信用卡时，可以导入邮箱账单，其具体操作如下。

运行卡牛信用管家 APP，在主界面中点击"＋账单"按钮。进入"添加我的账单"页面中，此时可以查看到多种账单导入方式，在"邮箱账单导入"栏中选择"QQ 邮箱"选项。如图 7-7 所示。

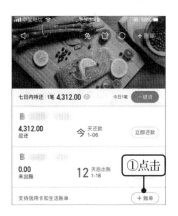

图 7-7　选择邮箱导入方式

进入"QQ邮箱账单导入"页面中，依次输入 QQ 邮箱账号与密码，点击"登录"按钮。此时，系统将会开始导入信用卡信息，需要持卡人耐心等待片刻，导入成功后点击右上角的"完成"按钮，如图 7-8 所示。返回到"我的银行卡"页面中，即可在列表中查看到导入的信用卡。

图 7-8　信用卡账单导入成功

7.1.3

如何对信用卡进行设置

在卡牛信用管家 APP 中导入信用卡后，就可以对信用卡的相关属性进行设置，如设置信用额度、账单日以及还款日等，其具体操作如下。

运行卡牛信用管家 APP，在主界面中可以查看到信用卡列表，选择目标信用卡选项。如图 7-9 所示。

图 7-9　选择目标信用卡

进入"中信信用卡"页面中，可以在"账单"列表中查看到每月的账单，点击页面右上角的设置按钮。进入到"设置"页面中，依次对信用卡号、信用额度、账单日期以及还款日期等信息进行设置，完成后点击"保存"按钮即可。如图7-10所示。

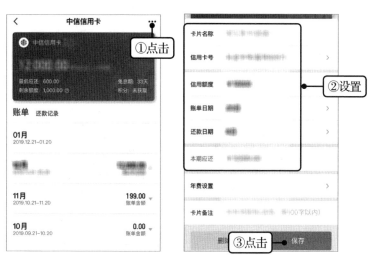

图7-10 设置信用卡属性

百科链接 批量查看多张信用卡的免息期

在卡牛信用管家APP中，有一个快捷功能可以批量查看多张信用卡的免息期，而且非常直观。其具体操作为：在主界面中点击"免"按钮，即可在打开的对话框中查看到信用卡的最长免息期，如图7-11所示。

图7-11 查看信用卡最长免息期

7.1.4
删除信用卡

对于不需要管理的信用卡或者已经注销的信用卡，可以在卡牛信用管家 APP 中将其删除，其具体操作如下。

运行卡牛信用管家 APP，在主界面中选择需要的目标信用卡（以邮政储蓄信用卡为例）。进入"邮政储蓄信用卡"页面中，点击其右上角的设置按钮。如图 7-12 所示。

图 7-12　选择需要删除的信用卡

进入"设置"页面中，点击页面下方的"删除"按钮。在打开的提示对话框中直接点击"删除"按钮，即可将目标信用卡删除。如图 7-13 所示。

图 7-13　删除信用卡

7.1.5

对信用卡进行还款

使用卡牛信用管家 APP 管理信用卡的一大目的，就是对信用卡进行快速还款，系统会在信用卡到期还款日前进行提醒，持卡人只需要在到期还款日到来前进行还款即可，其具体操作如下。

运行卡牛信用管家 APP，在主界面中选择需要还款的信用卡（以光大银行信用卡为例）。进入"光大信用卡"页面中，可以查看到本期账单应还金额，点击页面下方的"立即还款"按钮。如图 7-14 所示。

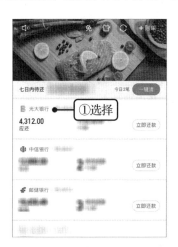

图 7-14 选择需要还款的信用卡

进入"信用卡还款"页面中，点击"还款记录"超链接可以查看到往期的账单还款情况，然后选择"还款方式"选项。如图 7-15 所示。

图 7-15 设置还款方式

进入"绑定储蓄卡"页面中，依次输入姓名、卡号、银行、手机号以及验证码，点击"确定"按钮。返回到"信用卡还款"页面中，点击"确认支付"按钮即可完成还款。如图7-16所示。

图 7-16　完成信用卡还款

7.2　安全用卡攻略

安全用卡是持卡人必须关注的一个话题，因为很多持卡人在使用信用卡时不仅没有享受到信用卡的权益，还给自己带来了许多困扰。那么，在安全用卡时如何避开使用误区，从而有效地防范用卡可能产生的金融风险呢？

7.2.1
远离不良的信用卡行为

在成功申领到信用卡后，有的持卡人成为"卡神"，而有的持卡人却沦为了"卡奴"。总体而言，都是持卡人的用卡习惯影响的，"卡神"是因为具有良好的用卡习惯，而"卡奴"则是因为具有不良的用卡习惯。因此，持卡人要谨防信用卡的不良行为，而不良行为主要有以下几种。

1. 取现过于频繁

信用卡除了可以刷卡消费以外，还能将信用额度提取出来获取现金。通常情况下，信用卡的取现额度为信用额度的 30% ~ 50%，不过部分特殊信用卡的取现额度也会高达信用额度的 100%。

虽然信用卡取现可以暂时缓解资金困难，但不仅没有免息期，而且会从取现当天按 0.05% 的日利率开始计算利息。另外，持卡人每进行一笔取现操作，都会收取相应比例的手续费。

案例

取现需要支付高额利息和手续费

最近，李小姐想要购买一台笔记本电脑。前几天，她在当地电脑城选好了心仪的电脑，价格也和商家确定了下来，当她拿出信用卡准备刷卡付款时，商家告诉她 POS 机出现故障，暂时不能刷卡支付。

于是，李小姐就只好前往附近的发卡银行网点，用信用卡取现了 5000 元，进行了现金支付。事后李小姐无意间听到朋友提起，信用卡取现和刷卡消费是两码事，取现不仅要收取利息，而且利率还很高。

随后，李小姐拨打了发卡银行的客服电话进行咨询，这才知道信用卡取现确实没有免息期，利息也高得吓人，也就半个多月的时间，李小姐取现的利息和手续费已经上百元了。

由此可知，持卡人不要轻易使用信用卡取现。以招商银行信用卡为例，如果持卡人使用招商银行信用卡取现 10000 元，取现时间为 1

个月，那么就需要支付 100 元的手续费与 150 元的利息。

2. 卡片遗失不及时挂失

有些持卡人在信用卡快要到期时，不小心将信用卡遗失了，此时持卡人会抱着侥幸心理，考虑到挂失还要缴纳挂失费，反正信用卡也快到达有效期了，并且已经偿还了信用卡中的所有欠款，过一小段时间后信用卡就会自动作废，就算他人捡到也不知道密码。

如果持卡人真的这样做了，那就大错特错，因为这会给自己和信用卡带来很多麻烦和风险。在《银行卡业务管理办法》中第五十二条规定：发卡银行应向持卡人提供挂失服务，设立 24 小时挂失，书面挂失为正式挂失方式。并在章程或协议中明确挂失责任，说明密码重要性及丢失责任。

因此，持卡人的信用卡一旦遗失，就要立即向发卡银行申请挂失。基于《银行卡业务管理办法》中的规定，持卡人最好不要存在侥幸心理，虽说挂失需要支付相应手续费，但如果遇到不法分子盗用自己的信用卡，进行恶意透支，就会造成更大的损失。

3. 存钱过多或重复还款

对于许多持卡人而言，一直弄不清楚信用卡与借记卡的区别。其实，信用卡区别于借记卡最大的特点是：信用卡可以透支消费，虽然存款无利息，但是取款要收费。

信用卡不仅透支取现要收取利息和手续费，就连取出信用卡中的溢缴款也要收取费用。简单而言，持卡人取出信用卡中多还入的钱，也要缴纳一定比例的手续费，并且没有上限。因此，持卡人在为信用卡还款时，一定要避免存钱过多或者重复还款操作。

4. 大额套现进行投机

信用卡套现与取现不同，套现是指持卡人利用特殊渠道从信用卡中取得现金，而信用卡的交易记录中会显示刷卡消费。

许多私营企业与商户为了提高客户的消费便捷性，都安装了 POS 机，于是持卡人就找这些企业或商户通过虚拟交易的手段套取信用卡中的现金。因为持卡人觉得这样操作不仅不用支付贷款利息，还可以快速获得资金救急或进行其他金融活动。

如果持卡人的信用卡账户经常进行大额交易，就会受到发卡银行的特别关注，一旦发现持卡人有套现的嫌疑，发卡银行就会采取相应的惩罚措施。在《关于办理妨害信用卡管理刑事案件具体应用法律若干问题的解释》中有明确的规定：使用销售终端机等方法，以虚拟交易、虚开价格以及现金退货等方式向持卡人直接支付现金，情节严重的，应当根据《刑法》第二百二十五条的规定，以非法经营罪定罪处罚。

由此可知，对于有机会套现的持卡人而言，千万不能大额套现做投机，虽然此方法可以在不支付利息的前提下快速获得资金，但属于严重违法行为，一旦被发卡银行发现，后果非常严重。

案例

大额套现谨防上当受骗

魏先生想要开一家服装店，但是手上的资金有限，于是就想用信用卡套现来缓解燃眉之急。前几日，魏先生在上网时，发现淘宝网中一家销售软件的店铺可以提供套现服务。随后，魏先生就与该店铺进行了联系，店主再三提醒魏先生，由于大额套现属于违法行为，千万要保密，不能随便告诉他人。

没过多久，店主就向魏先生发来一个20000元的家电产品购买链接，让魏先生付款购买并点击"已收货"按钮。店主解释道，这样买卖双方就达成了虚拟交易，成功后就会将现金返回到魏先生的支付宝账号中，由于魏先生急于套取现金，并没有对店主产生怀疑，于是就按照店主的要求办了。

当魏先生完成收货操作不久，店家却发来消息说魏先生的支付操作有误，操作并没有完成，需要按照他的指点来进行操作。于是，魏先生又支付了一笔20000元的交易，与前面的交易结果一样，店主同样给出了操作失败的答复。此时，魏先生才意识到自己可能受骗了，于是他提出退款，但是对方随即把他拉黑并失去了联系。

随后，魏先生及时报了警，但是民警告诉他，他之前登录的可能是钓鱼网站，而针对这种情况，淘宝网是不负有责任的，而且就算是正规的淘宝网店，只要魏先生点击了"已收货"按钮，就表示自愿将钱转入非法分子的账户中，想要维权就比较困难。

其实，现实生活中的许多持卡人为了能快速解决资金困难，就开始打信用卡恶意大额透支的主意，这样不仅容易上当受骗，还容易出现法律问题。

7.2.2
当心信用卡任意分期的"暗礁"

使用信用卡进行消费后，一定要记得按时还款。许多持卡人到最后还款日无法全额偿还信用卡账单，就会考虑对账单进行分期。信用卡分期就是发卡银行先为持卡人垫付消费金额，然后持卡人再分相应期数将钱偿还给发卡银行。如果到期无法偿还分期金额，发卡银行就会收取相应利息，并将持卡人的失信记录上报。

虽然分期还款可以暂时缓解持卡人的经济压力，但是持卡人也不能忽视信用卡任意分期所暗藏的弊端。

1. 免息不免费

由于分期还款是信用卡的一个特色功能，所以许多发卡银行都喜欢打着信用卡"0 首付，0 利息"的宣传口号，刺激持卡人积极刷卡消费，并且还对持卡人宣称分期"免息"。事实上，免息并不是免费。例如，信用卡分期付款一年，那么它的手续费比在银行贷款一年的利息还高。

另外，各大购物网站为了方便和激励消费者进行购物，也纷纷推出"分期付款"计划，大到空调、冰箱等，小到电压力锅、榨汁机等，都可以分期付款。同时，部分发卡银行还推出了各种分期付款优惠的信用卡，甚至还打出了"免息"的口号。

例如，家住重庆市巴南区的刘先生，最近购买了一辆价格为 28 万元的小轿车，由于刘先生目前并没有 28 万元，所以无法全款支付，此时他选择了汽车分期付款，总共分了 36 期还款，最后工作人员帮他进行了计算，手续费居然高达 4 万多元。

2. 分期也会收取违约金

目前，购买电视、冰箱、空调以及沙发等家电家具都可以使用信用卡分期付款。不过持卡人在进行分期付款之前，需要注意相应的细节问题，如仔细阅读相关条款、提前咨询发卡银行的客服、全面比较期数以及费率等，从而做出合理的选择。

信用卡分期业务就是发卡银行向持卡人提供的一种贷款方式，持卡人只需要支付部分贷款金额，即可获得心仪的商品。不过，在进行分期时需要支付相应的利息，所以持卡人在选择使用分期付款或全额付款购买相同的产品时，要知道分期付款需要支付更多的钱。

另外，持卡人在办理分期业务之前，首先需要确保信用卡中的信用额度足以支付分期付款中的单期金额。其次，还需要确定所购买的产品能够进行分期，因为不是所有的产品都支持分期付款。

然后，不少持卡人误以为信用卡任意分期付款就没有违约金，而信用卡还款的违约金与信用卡消费的免息是两码事。既然是信用卡进行消费，那么逾期还款就需要支付违约金，当然信用卡分期的金额也不例外。其实，大部分信用卡会在分期业务中进行详细说明，在任意一期的还款期间出现逾期还款时，都会收取一定比例的违约金与利息。

3.分期越长费用越高

部分持卡人为了减轻每月的还款压力，会将分期时间延长，其实这样并不划算。因为信用卡任意分期付款的手续费是按期数而定的，分期时间越长，持卡人支付的手续费就越多。

例如，王先生想要购买了一台价格为6799元的笔记本电脑，不过他的现金并不够，此时就想使用建设银行信用卡的分期付款方式进行支付。其中，按照建设银行信用卡分期付款手续费费率标准，如果选择6个月的分期付款，那么所支付的手续费总额是244.76元；如果选择12个月的分期付款，所支付的手续费总额是489.52元，手续费也就翻了一倍。当然，信用卡商户分期付款也是相同的道理，期数越长，手续费率也越高。

4.提前还款也不退手续费

由于信用卡逾期还款会收取利息和滞纳金，那么提前还款是不是就会少收部分手续费呢？当然不会，因为大部分的发卡银行会先预收取手续费，然后要求持卡人分期还款，已收取的手续费将不会退还。

案例

提前还款可能不会退还手续费

　　徐先生想要装修新房，但手上没有足够的资金，所以使用信用卡前后刷了 4 笔大额消费，总额共计 115800 元。随后，他采用 24 期的分期还款方式，每个月除了偿还本金给发卡银行之外，还向发卡银行支付 0.72% 的手续费。前几个月他都有按时还款，不过在本月因为资金紧张产生了逾期。这时，发卡银行的工作人员向他建议，最好提前将剩下的分期金额一次性还完。

　　于是，徐先生缴纳了违约金、剩余本金和手续费等一切费用。对账单上显示，刘先生提前还款后，发卡银行仍是按信用卡分期业务的 24 期收取了手续费。根据具体计算，徐先生认为自己多支付了一年的手续费，约为 10422 元。

　　徐先生向发卡银卡的信用卡中心投诉后，对方仅同意给他减免 1000 元。但他表示很难理解，因为是发卡银行让他提前还款，可为什么自己还要承担剩下各期的手续费。

　　其实，信用卡手续费的收取分为一次性提前收取和分期等额收取两种形式。如果是一次性收取，就算持卡人提前还款，已入账的手续费也不会退还给用户。

7.2.3

防止信用卡被盗刷

　　提到信用卡安全，持卡人首先想到的是信用卡盗刷，因为信用卡被盗刷的案例随时都在发生，甚至有的信用卡在持卡人手中，也被盗刷了。因此，防止信用卡被盗刷是所有持卡人都该关注的事情。持卡人需要掌握一些信用卡防盗刷的小妙招，其具体介绍如下。

◆ 领取信用卡时，当场检查信封。如果信封被打开过，则应立即向发卡银行提出更换信用卡。

◆ 领到信用卡后，马上签上自己的姓名，最好是具有自己特色、别人难以模仿的个性化签名。

◆ 信用卡背面的安全码是信用卡的"第二密码"，因为安全码可以防止卡片被非法"克隆"。不法分子偷窥获取了信用卡账号信息并复制卡，若没有安全信息，就算知道密码，刷卡消费时也会被 POS 机拒绝。另外，持卡人最好使用胶带将安全码盖住，防止被非法窥视。

◆ 在 ATM 机上取款、修改密码或者查询额度时，需要仔细留意 ATM 机上是否有多余装置。另外，要尽量用手遮挡输入密码的小键盘，防止被偷窥。

◆ 在商场、酒店等特约商户处进行消费时，尽量不要将信用卡交给他人处理，自己到柜台当面刷卡结账。不要让信用卡离开自己的视线，还要看清楚收银员的刷卡次数，防止卡片被人调换或卡片信息被盗取。

◆ 在 ATM 机和 POS 机上操作完成后，要保留好交易回单，最好是先粉碎后再丢弃，防止信用卡账号和信息泄露。

◆ 持卡人可给信用卡设置消费金额短信提醒，这样能及时了解卡内金额的变化，若有异常可立刻致电给发卡银行。

◆ 不要点击不明链接或电子邮件提供的银行网站地址。警惕以异常账户活动或银行系统升级等理由，要求提供信用卡卡号及密码的电子邮件。另外，不要轻信"紧急通知"和"公告"，谨防上当受骗。

◆ 切忌将信用卡与身份证放在一起，如果同时丢失或被盗，则会
增加信用卡被盗刷的风险。

◆ 修改联系地址或电话后，需要及时告知发卡银行。这样在信用
卡被盗刷后，持卡人可以及时收到刷卡交易的信息，方便及时
通知发卡银行，从而减少损失。

7.2.4
信用卡常见的欺诈方式

在日常生活中，信用卡诈骗和盗刷的案例比比皆是，这都是因为
持卡人不注意保护个人资料或随意将信用卡借与他人导致。持卡人需
要对信用卡常见的欺诈方式有所了解，从而避免这些风险。

◆ 窃取信息克隆信用卡

从近几年各地信用卡被盗刷的案例中分析，大多数作案手法都是
通过数据采集器、读写器以及空白持卡等工具，在 ATM 机、商场以及
酒店等地非法窃取持卡人信息。

例如，商场收银员利用给顾客刷卡结账的机会，使用数据采集器
采集顾客信用卡中的相关信息，然后将信息卖给不法分子赚取所谓的
"信息费"。不法分子获得信用卡信息后，就可以制作出"克隆卡"，
从而盗走持卡人的大笔资金。

◆ "假挂失"恶意透支

不法分子通过非法手段盗取或购买信用卡信息，从中筛选出适合
盗刷的信用卡信息，通过拨打信用卡中心电话进行信用卡挂失，然后
要求发卡银行将信用卡邮寄到新的地址，不法分子收到信用卡后就开
始进行恶意透支。简单而言，就是不法分子可以通过"假挂失"来盗

刷持卡人的信用卡。

◆ 虚假信用卡申请

虚假信用卡申请主要是指"黑中介"，也是导致信用卡欺诈风险的主要原因之一。通常情况下，信用卡"黑中介"主要是通过帮助申请人伪造资料办理信用卡进行盈利，部分"黑中介"还会谎称代办信用卡失败，从而非法占用申请人的信用卡，进行恶意透支。

其实，还有部分"黑中介"确实会为申请人办理信用卡，但是也会私下扣留申请人的个人资料及信用卡信息，从而为后期盗刷信用卡做准备。

◆ 虚假网上商户

盗刷信用卡的不法分子还会冒充网店卖家，以低价商品做诱饵，引诱消费者购买，当有消费者下单后就故意谎称商品缺货，然后以退款为由骗取消费者的信用卡信息，复制信息后进行盗刷。

也许有持卡人认为，只要设置比较复杂的交易密码，就能确保信用卡不被盗刷。其实，在国内许多的快捷支付平台或境外的购物网站上刷卡消费时，可以不输入密码直接支付，只要不法分子输入持卡人姓名、信用卡卡号、有效期及安全码等信息，即可盗刷信用卡。

7.3 多种用卡场所的风险防范

在不同的场所使用信用卡时，由于各种因素可能带来一些风险，一旦持卡人的信用卡被盗刷，对持卡人与发卡银行都会产生不利的影响。因此，持卡人需要了解多种场所的信用卡使用风险，从而有效防范这些风险。

1. 发卡银行柜台前的风险防范

持卡人在发卡银行的柜台办理业务时，可能会遇到系统故障或工作人员操作不当，从而导致信用卡资金损失的情况，这种风险也不容易被发觉。例如，持卡人在柜台为信用卡还款后，由系统故障导致还款金额没有及时导入，而持卡人却无法及时发现，只有在出现逾期还款、罚息和违约金时才会发觉。

当然，由于持卡人在柜台办理的业务较多，并不能完全排除没有工作人员滥用职权，盗取持卡人的信用卡信息的情况。因此，持卡人千万不能随意说出自己的信用卡密码，在输入密码时也要确保周围没有其他人，并尽量遮挡键盘。

2. POS 机刷卡时的风险防范

目前，许多发卡银行已经加强了信用卡管理，会实时监控持卡人信用卡的交易情况，并对每次刷卡消费做记录，尽可能防止盗刷事件的发生。也就是说，如果持卡人的刷卡次数突然变得频繁，或刷卡消费习惯发生很大变化，发卡银行的客服会致电客户进行确认。

而对于普通持卡人而言，通过 POS 机刷卡消费是较为频繁的操作。商场、酒店等地都是 POS 机刷卡的场所，当然也是信用卡风险最高的场所，常见的风险有以下几种。

◆ 收银员故意造成刷卡失败或取消交易，然后让持卡人重新付款，使得持卡人重复刷卡，多次付账。

◆ 在输入刷卡金额时，收银员故意多输入消费金额，而很多持卡人并没有特别关注，从而造成损失。

◆ 收银员趁持卡人不注意时，用伪卡调换持卡人的信用卡，然后盗刷信用卡。

◆ 持卡人在刷卡消费时，收银员窃取信用卡的密码，以及信用卡相关信息。

◆ 持卡人在签购单上签字时，收银员叠压签购单，或仿冒持卡人的笔迹签字。

3. 自助银行中的风险防范

使用自助银行可以对信用卡进行还款、存款或取款等操作，给持卡人带来许多便利。但是，自助银行通常安装在商场门口或生活区附近，而且无人值守，这也给持卡人带来了一定的潜在风险。

不法分子就可能使用一些非法手段盗取持卡人的信用卡信息。例如，在密码键盘上安装微型摄像机，从而窃取信用卡密码；或者在ATM机上安装外界吞卡机器，"吞掉"持卡人的信用卡。在持卡人离开后，再利用这些获取的信息盗刷持卡人的信用卡，从而给持卡人带来财产损失。

因此，为了防范自助银行带来的风险，持卡人在自助银行办理业务时，要留意设备上是否有多余的装置。若信用卡不小心被设备"吞掉"，不要立即离开并马上拨打信用卡中心的电话求助。另外，业务办理完成后，别忘记取出信用卡，最后将打印出来的交易单据粉碎。

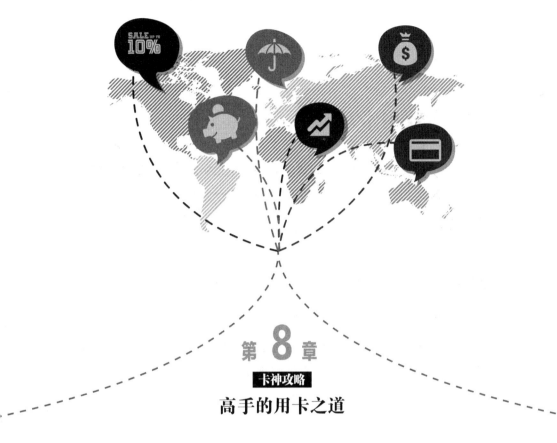

第 **8** 章

卡神攻略

高手的用卡之道

　　不少持卡人用了几年信用卡，但信用卡知识和用卡技巧仍然处于基础阶段，所以就存在"卡奴"和"卡神"的说法。信用卡用得好，不仅能够快速提升额度，甚至还能帮助持卡人省钱与赚钱，从而告别死工资，实现理财计划。

8.1 高效用卡攻略

信用卡用好了可以省钱、赚钱，用不好可能因过度挥霍成为负债累累的卡奴。因此，我们要学会高效使用信用卡，最大化地利用手中的信用卡，实现省钱、赚钱的目标。

8.1.1
规避四类信用卡费用实现省钱

对于很多持卡人而言，信用卡可能是个负担，因为每月都要为账单日和还款日犯愁。但是对于有理财观念的持卡人来说，利用信用卡来省钱赚钱是非常简单的事情。其实，想要使用信用卡省钱赚钱，首先需要学会规避以下四类信用卡费用。

1. 信用卡利息

免息期是信用卡的一大特色，但只限于刷卡或网络支付等无现金交易。通常情况下，信用卡存在两种收取利息的情况：第一种是使用信用卡取现，发卡银行每日会向持卡人收取利息，同时还会提前收取相应的取现手续费；第二种是没有全额偿还信用卡账单，此时就无法享受免息期，发卡银行每日会向持卡人收取利息。

持卡人不想向发卡银行支付利息，就需要避免使用信用卡取现，同时保证每月全额偿还信用卡账单。否则，信用卡利息会越来越高，怎么都还不完。

2. 信用卡手续费

上面介绍到信用卡取现会产生相应手续费，而信用卡分期（包含账单分期和现金分期）同样需要支付手续费。其中，信用卡分期手续费率折合年化利率在 14% ~ 20% 之间，这比银行购房、购车以及经营性贷款的利率都要高很多。因此，持卡人尽量不要使用信用卡做分期。

3. 超限费

信用卡固定额度以及临时额度都"刷爆"了，还可以继续刷卡消费，这就产生了超限额度。不过，超限额度不一定可以免费使用，部分银行需要收取超限费，通常按照超限金额的 5% 收取。因此，持卡人千万不要"刷爆"信用卡，从而避免支付额外费用。

4. 信用卡年费

通常情况下，信用卡年费减免主要有 3 种类型，即无条件免年费、刚性年费以及满足条件免年费。

对于持卡人而言，肯定希望能申请到无条件免年费的信用卡，不过这类信用卡属于特殊信用卡，如工商银行上海牡丹畅通卡、交通银行银联公务卡等；刚性年费意味着高端与好权益，部分高端白金信用卡存在刚性年费，只要信用卡申请通过就要缴纳年费，而且年费比较高，不太适应普通人使用，如兴业银行行悠白金卡、招商银行百夫长白金卡等；大部分持卡人使用的是满足条件免年费的信用卡，如普卡、金卡或普通白金卡，每年刷卡次数达标即可减免次年年费。

因此，持卡人可以根据免年费的条件来选择信用卡。如果是普通持卡人，最好选择满足条件免年费的信用卡，这类型卡片的要求不高，每年刷卡最多十几次就可以免年费。若这点都做不到，则说明持卡人不适合申请使用信用卡。

持卡人在使用信用卡时，肯定是想从信用卡中获得好处，并且不想承担各种需要支付给发卡银行的费用，所以要完全规避以上的几种收费情况。

2020 年哪家的"羊毛"长得好

信用卡的作用非常大，除了可以消费、贷款外，还有各式各样的信用卡优惠活动。很多持卡人都想知道 2020 年都有哪些"羊毛"值得薅一薅，如表 8-1 所示为 2020 年开年的信用卡"羊毛"优惠信息（由于信用卡的优惠信息更新较快，持卡人可以通过信用卡官网查询最新的优惠活动）。

表 8-1　2020 年初信用卡部分优惠信息

发卡银行	优惠信息	内容
中国建设银行	龙支付：20 元超值商品 1 折购	2020 年 3 月 31 日截止，购买价值 20 元腾讯视频会员、优酷视频会员或哈啰单车骑行卡等，可享优惠
	龙支付：1 分钱手气王	2020 年 3 月 31 日截止，龙支付用户支付 1 分钱即可参与当期抽奖活动，每周三、周五开奖。中奖的用户可以 1 折的价格购买中奖商品，商品包括苹果手机、平板电脑等。未中奖的用户支付的 1 分钱将在 10 个工作日内原路返还
	龙支付：交易领取随机金额鼓励金	2020 年 3 月 31 日截止，用户在线下龙支付合作商户使用龙支付扫码交易、线上龙支付商户在线交易，可获得一笔随机金额鼓励金
中国工商银行	多点：北京地区满 50 减 20 元	2020 年 1 月 31 日截止，每周二、四、六 9:00 起，在多点 APP（仅限北京地区）消费，选择微信支付并使用工商银行卡完成交易，即可享满 50 元立减 20 元优惠

续上表

发卡银行	优惠信息	内容
中国工商银行	名创优品：微信支付 5 折购券	2020 年 1 月 31 日截止，每天 10:00 起，进入活动页面使用微信支付选择工银信用卡支付，即可享 25 元购买 50 元代金券优惠
	京东：万事达卡消费赢 5000 元京东 E 卡	2020 年 2 月 29 日截止，通过"直达链接 / 工银信用卡微讯公众号 / 服务优惠 / 爱购周末"功能模块进入活动页面，并使用微信支付选择工商银行信用卡支付，即可享 25 元购买 50 元代金券优惠
招商银行	饿了么：天天领 40 元福袋	2020 年 2 月 29 日截止，在招商银行 APP 的"生活频道 / 饿了么 / 天天领红包"模块中，可领取 40 元福袋
	喜茶、嘉和一品或金凤成祥：随机立减最高 10 元	2020 年 3 月 31 日截止，用户在喜茶、嘉和一品或金凤成祥消费，并使用招商银行 APP 付款码支付，可享随机立减 1 ~ 10 元优惠
	体验小程序：100% 中奖，最高抽华为 P30 Pro	2020 年 2 月 15 日截止，用户在招行 APP 的"生活频道 / 快递小程序"模块中，登录体验任一快递寄件或查询服务，即可参与抽奖活动，100% 中奖，最高抽华为 P30 Pro
中国银行	网易严选：银联手机闪付 5 折	2020 年 4 月 20 日截止，每天 10:00 起在网易严选 APP 购物，使用银联手机闪付支付，即可享受 5 折优惠（最高优惠 15 元）
	充话费：满 50 元随机立减最高 20 元	2020 年 3 月截止，用户通过中国银行手机银行 APP 充值话费，可享满 50 元随机立减 5 ~ 20 元优惠
	罗森、呷哺呷哺：微信支付满 30 减 10 元	2020 年 5 月 17 日截止，每周五至周日，用户在罗森 / 呷哺呷哺门店消费，使用微信支付选择中国银行银联信用卡支付，即可享受满 30 元立减 10 元优惠
	出行票：火车票满 50 减 20 元、飞机票满 500 减 30 元	2020 年 1 月 31 日截止，用户登录中国银行手机银行 APP 购票，可享火车票满 50 减 20，飞机票 500 减 30 元的优惠

续上表

发卡银行	优惠信息	内容
中国银行	观影福利：立减9元	2020年2月29日截止，每天10:00起，用户在缤纷生活APP中购买在线电影票，使用中国银行信用卡支付订单，可享相应优惠。其中，周一至周四：单笔订单立减9元，单笔限购5张；周五至周日：单张影票9元，单笔限购2张
交通银行	多点：满50减10元	2020年2月15日截止，每周四至周六10:00起，在多点APP消费，选择微信支付绑定交通银行信用卡支付，即可享满50元立减10元的优惠
	二维码支付：随机立减最高100元	2020年2月15日截止，62开头银联卡用户在交通银行收单商户消费满10元，使用二维码支付，即享随机立减，最高100元优惠
中国光大银行	海南机票：飞常准购票满500减150元	2020年4月30日截止，每天10:00起，用户在飞常准APP购买海南的国内机票，使用银联云闪付绑定光大银行信用卡支付，即可享满500减150元优惠
华夏银行	看电影：北京地区9元购票、立减40元	2020年5月31日截止，每天10:00起，北京地区用户在美团APP或大众点评购买影票，通过美团支付绑定北京华夏银行信用卡支付，即可享相应优惠。其中，周五：9元购买49元以内指定场次电影票；周六至周四：每单立减40元
	苏宁支付：信用卡支付超值活动	2020年3月31日截止，华夏银行信用卡用户在指定商户消费，并使用苏宁支付支付订单，即可首绑立减10元、家电3C满499或超市母婴满99减20元等优惠
广发银行	支付宝/微信：首绑返最高60元刷卡金	2020年4月30日截止，首次使用微信、支付宝绑定广发银行信用卡，并在首月单笔消费满10元，即可抽取刷卡金
中国农业银行	积分抽奖：666积分抽取10元话费	2020年3月31日截止，农行信用卡客户可登录掌银专属活动页面，使用666积分抽取10元话费

续上表

发卡银行	优惠信息	内容
浦发银行	饿了么：随机立减优惠	2020 年 3 月 31 日截止，每天 10:00 起，通过小浦惠花在饿了么商户页面预定活动范围内的外卖，单笔订单可享 3 ~ 77 元随机立减优惠
中国民生银行	车主权益：5000 积分兑洗车券 1 张	2020 年 5 月 31 日截止，用户每月使用民生车车信用卡（含 MINI 版）、民生 Mercedes me 车主俱乐部信用卡并消费满足指定条件，即可获得积分兑换洗车服务特权资质以 5000 积分兑换洗车券 1 张
平安银行	喜茶：微信支付满 30 减 10 元	2020 年 3 月 31 日截止，在全国喜茶门店或微信小程序"喜茶 GO"下单消费，并通过微信绑定平安银行信用卡支付，即可享单笔满 30 元立减 10 元优惠

8.1.3

合理进行信用卡"变现"

把信用卡中的额度变成现金，是许多持卡人想要实现的事儿。不过，我们都知道信用卡套现是违法的，信用卡现金分期与预借现金的手续费又太高，更不划算。那么，怎么把信用卡的额度进行合理"变现"呢？具体介绍如下。

1. 主动替亲朋好友结账

随着人们生活水平的提高，人们的消费也变得频繁，请客吃饭、逛街购物以及上网消费等。此时，持卡人可以和消费者协商，帮他们付款，然后让对方以现金形式或其他支付方式把钱还给自己。这样不会可以将信用卡中的额度变现，还能获得不少信用卡积分。

2. 充值医疗卡并退现金

目前，许多正规医院可以充值就诊卡进行消费，也有不少医院支持信用卡充值。此时，持卡人可以使用信用卡往就诊卡中充值，在就诊之后，可以把就诊卡中的余额以现金的方式退出来。

同时，大部分医院在为患者办理就诊卡退款时，通常不会走银行通道，因为医院患者较多，如果走银行通道一时半会儿没到账，患者就会一直催款，从而影响医院的办事效率。

3. 帮公司刷卡并报销

如果持卡人是在职人员，可以与公司经常采购物品的员工进行协商，让采购人员在为公司采购物品时尽量刷自己的信用卡，然后将现金给自己或者开具发票找公司报销。如果公司通过公户走账，则可以通过银行或者工资一并报销给持卡人，这样就有更多的银行流水账目，这对以后提额或者贷款都有好处。

4. 购物平台消费

如果持卡人的亲朋好友在淘宝、京东等购物平台开网店，则可以方便持卡人进行信用卡额度"变现"。此时，只需要与自己的亲朋好友约定好，去他的店里购物，然后对方发空包裹给自己，等过几天确认收货后，再让他把钱从其他渠道转给自己。

当然，这样也要信得过的亲朋好友才行，不然就存在较大风险。其实，这是一种双赢的方式，持卡人获得了现金，而店家也可以获得消费好评。

以上介绍的内容都是信用卡"变现"的好方法，而且是合理消费，并且风险比较小，可以由持卡人自己控制。此外，还能帮助持卡人获得一些权益，还能增加提额速度。

8.1.4
巧赚信用卡积分轻松"薅羊毛"

持卡人想要薅信用卡的"羊毛"，信用卡积分这个"羊毛"千万不能忽视。使用信用卡消费后，发卡银行会根据不同的积分规则，把消费金额换算成积分。信用卡积分可以兑换不同的礼物，这也是信用卡"薅羊毛"的好机会。许多持卡人不清楚积分能够换成商品，认为最多就换些影视会员、生活用品之类的东西，甚至有些持卡人会忘记兑换。

其实，信用卡积分也能用来赚钱，所以就有人专门提供用信用卡积分兑换现金的服务。特别是近年来信用卡的发行数量急剧增加，人均持卡量较高，能换的积分也越来越多。

当然，说信用卡积分兑换现金，其实也是一种噱头，本质上还是使用积分兑换礼物，然后把礼物卖出去，从中赚差价。其中，最常见的就是积分兑换商品赚钱与积分兑换航空里程赚钱。

◆　积分兑换商品赚差价

虽然发卡银行没有积分兑换现金的功能，但可以兑换许多优惠券，如电影院、餐厅的优惠券等，持卡人可以将这些优惠券低价售卖出去，从而赚取差价。

其中，比较常见的操作是将信用卡积分兑换加油卡、优惠券、电子产品以及生活用品等，然后在朋友圈、各类群中或闲鱼中卖出去。不过，对于普通用户而言，每年的积分并不是很高，很难兑换到一些较好的产品。此时，持卡人可以在网上找一些专门收购积分的平台，由于网络中的信息混杂，可能存在一些欺诈行为，所以持卡人一定要评估好积分兑换平台的安全性，同时衡量投入与产出是否划算。

◆ 积分兑换航空里程赚钱

随着经济增长，出行选择乘坐飞机的乘客越来越多，但并不代表这部分乘客不愿意以更便宜的方式购买机票。那么，使用积分兑换里程，对于这部分乘客而言就存在很大需求。

目前，很多发卡银行的白金信用卡都能兑换航空里程，积分兑换里程"套现"均价是 1 里程兑换 7 ～ 18 元，而买里程兑换机票要比直接购买机票便宜很多。如果持卡人的信用卡中具有较多积分，就可以兑换较多里程。

当然，并不是说所有持卡人都可以售卖里程，因为部分发卡银行为了避免有人大量囤积航空里程，都出台了一些兑换条件。例如，南方航空就有完成 3 次航空飞行才能添加里程受让人的政策。因此，不满足里程转让条件的持卡人，就算将积分兑换成航空里程，也只能兑换到自己名下的航空会员卡中，根本无法实现转让。

8.1.5
如何将信用卡权益"变现"

信用卡权益就是持卡人申请到信用卡之后，就拥有了发卡银行通过这张信用卡提供的各种服务。由于信用卡具有不同级别，不同的信用卡又有不同的年费要求，所谓"花钱买服务"，理论上持卡人支付的信用卡年费越高，所获得的权益就会越好。

在信用卡的众多权益中，持卡人并不会全部都用，而此时又刚好有人需要，那么持卡人就可以考虑将信用卡权益转让出去，对于持卡人而言就是收益。

1. 权益的分类

根据信用卡权益的获取途径，可以将权益分为两种类型，即自身附带的权益和完成银行要求后获得的特权。

其中，自身附带的权益是指持卡人拥有了这张信用卡后就拥有的权益。例如，持卡人办理了一张招商银行运通百夫长白金卡，那么持卡人就拥有了以下的权益。

- **特殊权益**：300 元 +100 积分精选酒店每年 4 间夜，每年一次体检和口腔服务。

- **全球机场贵宾厅礼遇**：除配发无限次 PP 卡，还可以进入百夫长专属贵宾厅、运通自营贵宾厅、运通合作贵宾厅以及达美航空贵宾厅。

- **FINE HOTELS & RESORTS 计划**：著名的 FHR 计划，通过该计划预定酒店，可以享受免费的房型升等、提前入住、延迟退房、附加酒店消费抵扣额度等礼遇。

- **THE HOTEL COLLECTION 计划**：类似 FHR，但酒店档次略低，价格相对便宜，附带一些专属权益。

- **精选餐厅特别礼遇**：运通的合作餐厅水平普遍比较高，在精选餐厅用餐可以享受折扣、赠酒以及其他专属礼遇。

- **酒店自助餐买一送一**：覆盖了 11 个城市，酒店水平也很好。

- **星级酒店健身体验**：6 个城市数十家酒店健身房，每月 5 次，可以省下一张健身卡。

- **境外 6 国免费签证服务**：泰国、越南、菲律宾、柬埔寨、新加坡和马来西亚 6 国免服务费、免签证费办理签证。

- **全球购物礼遇**：在全球的百货商场、超值卖场、免税店以及高端定制服装店享受多重优惠和特别礼遇。

◆ **其他**：国际航空公司、豪华邮轮、高尔夫球场以及汽车租赁专属优惠或礼遇。

而完成银行要求后获得的特权则是指持卡人按照发卡银行的要求使用信用卡后，即可获得某些特权，主要分为虚物和实物两种。其中，虚物主要包括各种卡券和服务，如洗车券、流量券、星巴克券以及会员充值卡等；而实物多数为生活用品，如餐具、行李箱以及行李背包等。

2. 权益"变现"的方法

其实，发卡银行为持卡人提供的权益是非常丰富的，这些权益包含的产品和服务在市场中也有销售，消费者单独购买这些产品和服务的价格远远超过发卡银行的成本价。例如，一杯星巴克的大杯咖啡价格在 40 元左右，而中信银行 9 积分活动每月消费满 3 笔 299 元，则可免费享受一次。

由此可知，信用卡的权益是有市场与价值的，也有很多持卡人通过信用卡权益来获得相应收益。

持卡人 A 喜欢看电影，但自己信用卡的权益是优惠的星巴克券，而普通的电影票价格都在 50 元左右；持卡人 B 的信用卡有 9 元看电影的特权，但是 B 的工作很忙，每年几乎没有时间全电影院看电影，却需要喝咖啡来提神。

此时，持卡人 A 与 B 就可以形成"交易"，持卡人 A 可以低价购买持卡人 B 的电影票特权。或者持卡人 A 将自己信用卡中的权益用来与持卡人 B 进行交换，从而省下购买电影票的费用，双方各取所需。

信用卡权益是发卡银行用来吸引客户的一种营销方式，用好信用卡权益对于持卡人也是有很多好处的。虽然发卡银行对信用卡的权益有相应的规定，但多数信用卡群益都属于虚物产品，很多商家只看消费者是否有券，却不会去核实是否为本人，这就使得信用卡权益可以变相的实现"变现"。不过，网络交易毕竟存在风险，持卡人要认真阅读信用卡的权益规则，而权益也最好自用。

8.2　分期消费攻略

使用信用卡进行分期消费已经非常普遍，日常消费领域的金融需求包括账单分期、装修分期以及汽车分期等。但只有部分发卡银行才有这个特殊功能，最常见的为 3 个月、6 个月、12 个月以及 24 个月等。持卡人想要享受分期付款带来的实惠，就需要掌握很多分期付款的技巧。

8.2.1
如何获得超长的免息还款期

许多申请人之所以会申请信用卡，主要是因为信用卡具有免息期，即先消费后还款的功能，但他们只知道普通信用卡的免息期通常为 50 天至 56 天。对于经常使用信用卡的持卡人而言，可能会遇到钱没凑够就到了还款期的情况，要是免息期时间能再长一点就能很合适了。

100 天的信用卡免息期，这是很多持卡人都不知道的刷卡技巧，但实际上是存在的。如何才能轻轻松松把 50 天的免息期给延长到 100 天呢？可以通过以下方法来实现。

第一步：在账单日后一天消费

例如，持卡人的账单日是 10 月 5 日，还款日是 10 月 26 日，则可以在 10 月 6 日开始刷卡消费，这样就能获得 50 天的免息期（10 月 6 日至 11 月 26 日）。如果持卡人选择在 10 月 4 日进行消费，那么只能获得最短的免息期，即 21 天（10 月 5 日至 10 月 26 日）。

第二步：修改账单日

为了便于管理信用卡，发卡银行为持卡人提供了调整账单日和还款日的功能。信用卡的账单日有很多个选择，如每月 5 日、15 日或 25 日，每半年可以更改一次，持卡人选择最长的日期就可以延缓还款的时间。

例如，持卡人的账单日是 10 月 5 日，还款日是 10 月 26 日，则可以在 9 月 26 日到 10 月 4 日期间申请变更信用卡的账单日，把账单日调到每月的 25 日（即 10 月 25 日），那么在 9 月 6 日的交易，将会在 10 月 25 日才出账单，信用卡的还款日就会变为 11 月 15 日，这样持卡人就享有了 71 天的免息期（如 9 月 6 日至 11 月 15 日）。

第三步：申请账单分期

大部分发卡银行在进行分期处理时会将本期的金额分开，从下个账单日重新计算，即本期账单日不需要还款，此时就能获得整整一个账单日的免息时间。

例如，将账单日从每月的 5 日修改为 25 日，在 10 月 25 日出账单后、11 月 15 日还款前，持卡人申请账单分期付款。此时，9 月 6 日交易的分期又会延迟一个月，到 12 月 25 日才记入账单，这样信用卡发卡银行到次年 1 月 15 日才要求还款。这样 9 月 6 日交易的免息期就达到 101 天（9 月 6 日至次年 1 月 15 日），相当于得到 3 个多月的短期信贷，而且手续费也比贷款利息低很多。

要点提示

使用上述方法延迟免息需要注意，10 月之前的账单均已按时全额还款，且最近 3 期账单还款没有逾期。

8.2.2
信用卡额度不够怎么分期

信用卡为持卡人提供了多种分期服务，如账单分期、消费分期等，这些都是持卡人经常使用到的。不管持卡人选择何种方式的分期，都必须确保在额度足够的情况下进行。

如果是消费分期，需要信用卡可用额度大于商品金额；如果是账单分期，则必须达到各发卡银行要求的最低分期金额。如果额度不够会导致分期失败，此时该怎么处理呢？此时，持卡人可以通过以下方法来解决问题。

◆　申请提升临时额度

拨打发卡银行客服电话，告知工作人员自己想要分期购买商品（或登录发卡银行官方网站申请），工作人员会十分乐意帮助持卡人提升临时额度，毕竟分期付款也是发卡银行的重要收入之一，当然会尽量满足持卡人的需求。不过，临时额度必须在下一个账单日时全额还款，不能享受最低还款额还款。

◆　存入相应差额来完成分期交易

对于额度不足的部分可以先偿还，然后对商品全额付款，最后致电发卡银行客服电话申请账单分期。例如，持卡人需要购买一台 6000 元的笔记本，可是信用卡中只剩余 4500 元的额度，此时可以还入 1500 元，当信用卡额度达到 6000 元时刷卡支付，然后对账单进行分期。

◆ 以其他方式支付剩余款项

如果信用卡中的额度无法为商品付款，可以以现金或其他方式向商户支付部分款项，从而来降低办理分期付款的金额。

◆ 申请提升固定额度

此方法并不适用于特别紧急的情况，因为发卡银行审批还需要一段时间。另外，提升固定额度必须确保信用卡已经有半年以上的使用记录，具有良好的用卡和还款习惯，无不良信用记录。此时，就可以拨打发卡银行的客服电话，申请提升信用卡的固定额度。

要点提示

如果是信用卡账单分期额度不够，基本上没有办法了，达不到基本分期金额，发卡银行不会同意分期。因此，持卡人在刷卡消费前，需要先了解清楚发卡银行规定的账单分期最低金额，尽可能让当前消费金额达到信用卡的最低分期门槛。

8.2.3

信用卡、花呗和白条哪个分期最划算

蚂蚁花呗、京东白条都具有实体信用卡的某些功能，如透支消费、还款免息期以及消费分期等。从消费者的角度来看，不管是信用卡还是蚂蚁花呗、京东白条，都是比较类似的产品，如果同时拥有这几种产品，那么选哪个进行账单分期更划算呢？

1. 信用卡分期

大部分持卡人对信用卡分期并不陌生，因为每期在还款时都能看到账单分期的选项。而不同发卡银行信用卡的账单分期手续费费率有所不同，如交通银行目前的标准分期费率 3 期为 0.93%，6 期为 0.8%，9 期、12 期、18 期和 24 期都是 0.72%（每期费率）。

例如，持卡人本期账单为 1 万元，采用分期还款，分 3 期总共手续费为 279 元，每期为 93 元；分 6 期总手续费为 480 元，每期为 80 元；分 9 期总手续费为 648 元，每期为 72 元；分 12 期总手续费为 864 元，每期为 72 元；分 24 期总手续费为 1728 元，每期为 72 元。

很多持卡人都可能接到过发卡银行的分期邀请，发卡银行对个人也会有分期费率优惠，如分期费率 5 折优惠、7 折优惠等，具体优惠情况需要在账单分期页面中查看。

通常情况下，中国工商银行、中国农业银行、中国建设银行和中国银行的手续费较低而且经常有优惠，分 12 期的每期费率常见为 0.46% ~ 0.50%，实际年化利率为 10% ~ 11%；而商业银行的费率就会高一些，通常为 15% ~ 18%。

既然信用卡分期要缴纳相应的手续费，那为何还要分期呢？这当然因为分期有好处，其具体介绍如下。

◆ 减小持卡人当期的还款压力。

◆ 帮助持卡人获赠积分或者抢兑礼物。

◆ 有利于提高信用卡的固定额度。

◆ 减轻被发卡银行判定为套现的概率。

2. 蚂蚁花呗分期

支付宝很早就推出了蚂蚁花呗，这在年轻人群体中使用的比例也很大。蚂蚁花呗除了可以先消费后付款外，也可以进行分期还款，其具体操作如下。

其中,蚂蚁花呗最高可分12期,分期费率分别是3期2.5%,6期4.5%,9期6.5%,12期8.8%。折合成每月的分期费率分别是:3期的是0.83%,6期的是0.75%,9期的是0.72%,12期的是0.73%。

例如,持卡人本期花呗账单为1万元,采取分期还款,那么分3期总共手续费是250元,每期是83元;分6期总手续费是450元,每期是75元;分9期总手续费是650元,每期是72元;分12期总手续费是880元,每期是73元。

3. 京东白条分期

目前,京东白条还不能广泛使用,无法与发卡银行发行的实体信用卡相比。其中,京东白条分期费率不明确,只有在每个用户的白条上有具体的显示,根据消费者的消费习惯和信用状况决定,不过账单分期费率基本为0.5% ～ 1.2%,如图8-1所示。

图 8-1　京东白条账单分期页面

例如,持卡人本期白条账单为1万元,采取账单分期,他的白条分期每期手续费率为 0.7%，那么每期的手续费就是 70 元，期数越多，总的分期手续费就越高。

4. 判断结果

通过上面的计算，我们可以判断出哪个分期手续费最低。在没有优惠的情况下，如果选择分 3 期或者 6 期，则持卡人可以考虑选择蚂蚁花呗和京东白条进行分期；而其他情况，则持卡人可以考虑选择信用卡分期。

如果存在折扣或者优惠券的情况下，持卡人则可以先确定分期期数，然后对比优惠情况，则可以选择手续费最便宜的分期方式。

要点提示

蚂蚁花呗的账单分期不是"花呗分期"，花呗分期是指购买商品时的现场分期，也就是分期付款购物，而账单分期的操作时间是每月的 1 号到 9 号。

8.2.4
银行车贷和信用卡分期购车如何选择

很多持卡人都遇到过这样的问题，想要购买新车，但是又没足够的资金。其实，持卡人可以选择办理贷款买车。银行的汽车贷款业务主要有两种方式：一是汽车消费贷款，也就是通常说的车贷；二是信用卡分期购车。那么，银行车贷和信用卡分期购车哪个更划算呢？下面我们就来看看。

1. 从优缺点比较性价比

任何事情都有双面性，银行的汽车贷款也一样，不论是汽车消费贷款还是信用卡分期购车，都具有优缺点，下面对其优缺点进行具体分期，如表8-2所示。

表8-2 车贷与信用卡分期购车的优缺点分析

贷款方式	优点	缺点
汽车消费贷款	①对车型没有限制，对任意车型都可以提供放贷业务，客户选择空间较大。 ②金额一般无额度限制，定期指定车型金融专案零利率。 ③还款周期可以灵活选择，甚至有些可达5年	①放款时间相对比较长。 ②审批流程复杂，对贷款条件的要求严格，有些甚至需要不动产抵押。 ③首付款比例较高。 ④购车利率高
信用卡分期购车	①手续简便、审批时间短。 ②信用卡分期买车有优惠活动可参与。 ③少额（符合额度）直接刷最方便，利率最低。 ④信用卡分期购车业务要优于汽车消费贷款业务	①还款周期相对比较短，通常不超过3年。 ②对申请人过往的信用度要求比较高。 ③各银行信用卡贷款买车的车型有限制。 ④信用卡贷款买车首付不能刷信用卡。 ⑤信用卡买车贷款额度受限

2. 从利息比较性价比

相比银行汽车消费贷款，信用卡分期购车是没有利息的。当然，所谓的"零利率"会在手续费上有所支出，下面从利息方面对汽车消费贷款与信用卡分期购车进行分析。

◆ **汽车消费贷款**：银行向个人客户发放的有指定消费用途的人民币贷款业务，主要可用于个人住房、汽车以及助学贷款等消费性个人贷款。其中，银行消费贷款目前的基准利率：6个月（含）为5.6%，6个月至1年（含）为6%，1年至3年（含）为6.15%。

◆ **信用卡分期购车**：信用卡账单分期手续费率 3 期最低为 2.7%，6 期最低为 4.5%，12 期最低为 7.2%，24 期最低为 14.4%。其中，期限越长利率越高，所要支付的费用也就越多。

信用卡分期购车具备成本较低、信用模式为主、办理手续简单以及汽车合作品牌较多等竞争优势，是持卡人使用信贷服务购车时的较好选择。不过，从信用卡分期购车和汽车消费贷款的优缺点、费率来看，如果半年以内能还清贷款，则可以考虑选择信用卡分期购车；如果超过半年无法还款，则申请银行汽车消费贷款会更划算。

8.3　轻松还款攻略

信用卡是目前使用人数较多的消费方式，每个月都必须按时还款，否则就会产生逾期。随着科技的不断进步，信用卡还款方式也变得越来越多样化，持卡人还款也更加便捷。不过，持卡人除了按时还款外，还需要掌握一些还款技巧，这样才能更好地使用信用卡。

8.3.1
微信支付帮你轻松还款

持卡人通过微信进行信用卡还款，除了关注发卡银行的微信公众号还款外，还可以直接通过微信支付进行还款，以招商银行为例进行相关介绍。

进入招商银行的手机微信 APP 中，点击"我"按钮，选择"支付"选项。进入到"支付"页面中，点击"信用卡还款"按钮。如图 8-2 所示。

图 8-2　进入到支付页面中

进入"信用卡还款"页面中，直接点击"＋添加信用卡"按钮，在打开的提示页面中点击"允许"按钮。如图 8-3 所示。

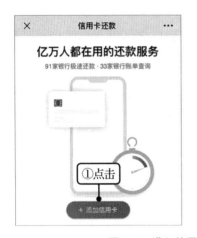

图 8-3　进入信用卡还款申请页面

在打开的页面中依次输入卡号、银行和持卡人，选中"我已阅读并同意《信用卡还款服务协议》"复选框，点击"确认"按钮，然后在打开的提示页面中点击"立即开通"按钮。如图 8-4 所示。

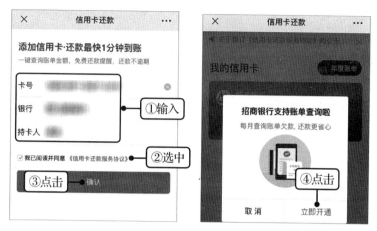

图 8-4　添加信用卡

进入"身份验证"页面中，输入微信的支付密码。在打开的页面中输入手机号码，选中"同意腾讯－微信还款将你的实名信息提供给招商银行用以身份验证，并授权向发卡行查询你的账单欠款金额"单选按钮，点击"立即开通"按钮。如图 8-5 所示。

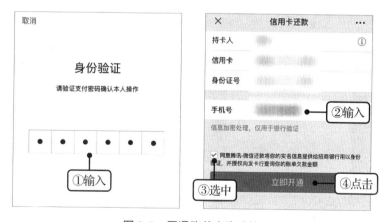

图 8-5　开通账单查询功能

在打开的页面中点击"获取验证码"按钮，输入收到的验证码，点击"下一步"按钮。进入到还款页面中，输入还款金额，点击"立即还款"按钮。如图 8-6 所示。

图 8-6　对信用卡进行还款

在打开的提示对话框中提示微信支付还款需要收取相应比例的手续费，点击"继续还款"按钮。进入到"请输入支付密码"对话框中，选择支付方式，然后在"支付方式"密码框中输入支付密码即可完成还款。如图 8-7 所示。

图 8-7　完成信用卡还款

8.3.2

设置支付宝还款提醒服务

随着网上购物的兴盛，大部分持卡人都拥有支付宝账户。作为以支付为核心的支付宝，其提供的信用卡还款功能也被越来越多的持卡人使用。

由于工作繁忙，持卡人很容易忘记为信用卡还款，此时就可以通过支付宝的信用卡还款提醒功能来提示还款日期。持卡人只需要在支付宝中绑定信用卡，支付宝平台就会按时提醒持卡人还款，以招商银行信用卡为例进行相关介绍。

进入手机支付宝 APP 中，在首页直接点击"信用卡还款"按钮。然后进入到"信用卡还款"页面中，点击"+添加还款类型"按钮。如图 8-8 所示。

图 8-8　进入信用卡还款页面

进入到"添加还款类型"页面中，选择"还信用卡"选项。进入到"添加信用卡"页面中，依次输入卡号、银行和姓名，如图 8-9 所示。

图 8-9　添加信用卡

点击"还款提醒"选项后的按钮开启还款提醒功能，设置提醒日期，点击"确定"按钮，然后在打开的提示页面中直接点击"确定"按钮，如图 8-10 所示。

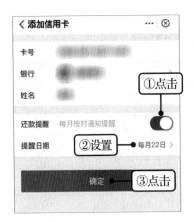

图 8-10　设置还款提醒

还款提醒设置成功后，返回到"信用卡还款"页面中，选择"查询信用卡账单"选项。进入到短信发送界面中，文本框中已经输入了相应的信息内容，直接点击"发送"按钮，如图 8-11 所示。

 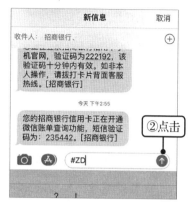

图 8-11　查询信用卡账单

查询完信用卡账单后，返回
到"信用卡还款"页面中，可以
查看到信用卡的账单信息与还款
情况，如图 8-12 所示。

图 8-12　完成设置

8.3.3

信用卡循环还款

　　许多持卡人可能遇到过在还款日时没有钱还信用卡的情况，此时
既不想分期也不想按最低还款额还款，因为需要支付手续费和利息，
都是非常不划算的，还又会产生逾期。此时，持卡人可以使用信用卡
循环还款的方式来缓解短期资金紧张问题。

1. 单张信用卡循环还款须知

　　持卡人想要利用一张信用卡循环还款确实不容易，不过却是可以
做到的，只是与多张信用卡循环还款的方式比较，存在一定的局限性，

其具体介绍如下。

◆ **第一步**：持卡人使用自己的信用卡去刷卡消费，但要切记总消费金额不能超过信用卡额度的一半。例如，信用卡的信用额度为 10 万元，那么持卡人最多只能刷卡消费 5 万元。

◆ **第二步**：在本月的账单日后、次月账单日之前，动员身边的亲戚朋友使用自己的信用卡进行消费，然后他们支付现金。这样就可以把剩下的钱刷出来再去还信用卡，尽量刷够信用卡的消费额。

◆ **第三步**：持卡人在下个月的还款日前将钱刷出来还到发卡银行，此时持卡人手中就一直有 5 万元现金（另外，持卡人还可以通过在 ATM 机上把剩余的金额取出来，不过在 ATM 机上取钱要支付手续费，所以每次循环支付的手续费就需要自己支付）。

需要持卡人注意的是，尽量让亲朋好友使用信用卡的剩余部分额度进行消费，然后给自己现金，这样就能实现一张信用卡前后两部分滚动还款，下面来看一个例子。

案例

单张信用卡循环还款解决资金难题

刘先生的信用卡额度为 3 万元，账单日为 9 月 20 日，还款日为 10 月 14 日。9 月 18 日刷卡消费了 1.4 万元，本月的信用卡还款日马上就要到了，但他却没有足够的资金偿还。

于是，刘先生就想把信用卡里面剩余的钱刷出来偿还本月账单，恰好哥哥家里正在装修新房，他就去与哥哥商量用自己的信用卡支付家电家具款。使用信用卡支付完成后，他就拿到了哥哥准备购买家电家具的 1.5 万元现金，在 10 月 13 日偿还了信用卡账单，解决了自己的资金难题。

刘先生的方法是信用卡刷一半额度，还剩下一半额度，找亲朋好友以刷卡消费的方式，将剩下的资金转出来，用以偿还上个月的账单。此时，该信用卡的状态是本月账单已全部还清，下个月账单 1.5 万元。这种方法虽然可以解决资金问题，但是存在很大局限性，偶尔使用还可以，长期就显得特别麻烦。

2. 多张信用卡循环还款须知

对于部分持卡人而言，觉得拥有一张信用卡已经足够了。因为每张信用卡的还款日期不同，如果忘记还款，持卡人就会留下不良信用记录并支付利息，还可能会因此产生"睡眠卡"，产生额外的年费。

不过，拥有 2 ～ 3 张信用卡，可以更加轻松地用活信用卡，让信用卡成为持卡人的理财帮手。多张信用卡可以循环还款，减轻持卡人的资金压力，当月的工资则可以进行理财。

假如持卡人拥有 3 张信用卡，想要实现信用卡互相还款，首先需要将这 3 张信用卡的还款日错开设置。

例如，A 信用卡的还款日设为每月 1 日，B 信用卡的还款日设为每月 15 日，C 信用卡的还款日设为每月的 30 日。当 A 信用卡到了 1 号需要还款 1000 元，持卡人可以用 B 信用卡取现 1000 元来还 A 信用卡。等到了 15 日，B 信用卡需要偿还 1000 元的取现金额，加取现利息 15 元与取现手续费 25 元。持卡人可以用 C 信用卡取现 1040 元来偿还 B 信用卡。

此时，持卡人的 3 张信用卡就实现了互相还款，而持卡人不需要用到自己的资金就可以保证 3 张信用卡不欠款，不影响循环授信。持卡人还需要注意的是，虽然多张信用卡互相还款能够实现资金周转，但是取现利息并不低，周转的次数越多，时间越长，需要支付的利息就会越高。

> **百科链接** *信用卡循环还款*
>
> 持卡人在使用多张信用卡循环还款方法前，必须明确"以卡养卡"的行为属于信用卡"套现"，是不被发卡银行允许的。虽然多张信用卡循环还款方法是通过正规方式取现获得资金，但其目的也是为了实现多张信用卡资金来回周转，长期占用发卡银行资金。单（多）张信用卡的循环还款这种"以卡养卡"的行为在法律（或相关规定）上是被严禁的，这实际上是一种违规的操作。

8.3.4
信用卡还款小技巧

发卡机构为了提高信用卡的使用人数，经常推出一些信用卡刷卡优惠活动，刺激持卡人消费。不过，信用卡提前消费后终究是要还款的，此时持卡人需要掌握一些还款小技巧，这样才能更好地享受信用卡附带的各种服务，甚至还能实现钱生钱。

1.分清还款日和账单日

虽然账单日和还款日是信用卡的两个重要日期，但还是有很多持卡人没有弄清楚。简单而言，信用卡的账单日就是统计持卡人一个月总共消费了多少钱，而账单上显示的金额，则是持卡人在下月的还款日必须要偿还的钱。

2.设置支付宝自动还款

从前面的内容可以知道，支付宝具有信用卡还款功能，不仅具有免费还款额度，而且到账速度快，基本上支持国内所有信用卡。使用支付宝给信用卡还款，不仅可以给自己还信用卡，还可以帮别人还信用卡。持卡人为了避免忘记还款，可以设置支付宝自动还款，其具体操作如下。

　　进入手机支付宝 APP，在首页中直接点击"信用卡还款"按钮。然后进入到"信用卡还款"页面中，选择需要设置自动还款的信用卡选项。如图 8-13 所示。

图 8-13　选择信用卡

　　在页面下方点击"更多还款方式"按钮，在打开的"更多还款方式"页面中选择"自动还款"选项。如图 8-14 所示。

图 8-14　选择"自动还款"选项

进入到"自动还款"页面中，依次设置还款方式与还款时间，选中"同意《支付宝自动还款协议》《还款服务收费规则》"单选按钮，然后点击"开通自动还款"按钮即可完成操作。如图8-15所示。

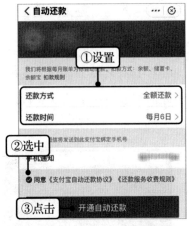

图8-15　开通自动还款功能

3. 消费透支金额较大选择分期

如果持卡人当月的消费总金额是无法一次性全部还清的，此时最好选择信用卡账单分期，虽然分期的手续费较高，但是总比信用卡逾期影响征信，导致后期无法贷款要划算。

4. 外币消费还款先咨询银行

对于进行海淘或出国的持卡人而言，使用信用卡难以避免产生外币消费。那么，外币消费回国后还是需要还款的，此时需要先致电发卡银行的客服中心，有的可以直接使用人民币还款，有的需要按当天的最新汇率进行换算后还款。

5. 绑定借记卡

如果持卡人持有发卡银行的信用卡和借记卡，而且借记卡中有固定资金，那么最好将信用卡与借记卡进行绑定，使用自动还款功能，这样也就不用担心自己会忘记还款，从而造成逾期了。

8.3.5

逾期还款影响借款通过率

对于持卡人而言，通常是非常看重自己个人征信的，所以也更容易陷入征信骗局中。例如，有些网络广告说可以帮助持卡人"洗白"征信污点，即便是多次逾期还款也不影响借款。其实，持卡人只要避开逾期还款的认知误区，就不会上当受骗。

◆　还款日当天还款不会逾期

从理论上而言，还款日当天还款不会逾期并没有错，但事实并非如此。例如，信用卡还款日为每月的 23 号，如果持卡人在 23 号进行还款操作，那可能因为款项的到账时间与扣款时间延误问题，而导致信用卡还款逾期。出现这种情况的主要原因是不同渠道、不同方式转款的到账时间不同，有的是实时到账，而有的是 1 ～ 3 天到账，所以还款日当天还款有可能出现逾期。

◆　逾期一天就上征信

部分持卡人对"征信"了解的不深入，总担心逾期一天就会上征信，从而留下信用污点，所以账单一出来就立马还款，并没有对信用卡免息期进行有效利用。

其实，发卡银行对信用卡逾期有"容时服务"，持卡人逾期一天基本不会上征信黑名单。同时，持卡人只要向发卡银行主动说明原因，尽量及时还款即可。不过，即便是"容时服务"不会让持卡人马上上征信黑名单，但为了以防万一，最好还是按时还款。

◆　逾期一次无法再借款

很多持卡人有一个错误的认知，认为被计入征信黑名单后，就无法通过信用卡借款或向银行申请贷款，即使申请也会被拒绝。其实，逾期也有轻重之分，如果持卡人有一次逾期还款，且金额在 300 元以内，只要在之后的一个月内还清，则通常不会对借款或贷款产生影响。针对这种情况，持卡人也不必过于担心，只要在以后保持良好的还款习惯，按时还款即可。

8.4 快速提额攻略

对于信用卡提额的知识，每个持卡人都有一定程度的了解。很多持卡人觉得信用卡提额较难，其实只要掌握相关的提额技巧，信用卡快速提额其实是很简单的事情。

8.4.1
信用卡的额度由持卡人决定

信用卡的审批已经越来越严格了，大多数持卡人只能申请普通信用卡，额度也比较低。而对于想要申请提高额度的持卡人而言，经常遭到发卡银行的拒绝。

其实，能不能提额跟日常的用卡习惯有关。另外，发卡银行还有一套自己的评分系统，涉及持卡人的各项资料，如年收入、就业、年龄、住房及持卡情况等。持卡人可以对比自己的具体情况，就能确定是否可以提高信用卡额度了（以下项目仅供参考）。

◆ 年收入（最高 24 分）

年收入与持卡人的还款能力直接挂钩，所以该项在综合评分系统中占用很大。

通常情况下，年收入达到 6 万元以上的持卡人，就非常受发卡银行的欢迎，最高能拿到 24 分；年收入达到 4.5 万元的持卡人，也能达到及格分数；而年收入在 3.5 万元以下的持卡人，得到的评估分就相对较低了，最高也就 10 分左右。

◆　就业情况（最高 18 分）

就业情况也是银行综合评分系统重点关注的因素之一，最高能拿到 18 分。首先，是从事专业工作的持卡人，比较稳定；其次，是从事管理类工作的持卡人；如果是从事文职工作的持卡人，也能得一定分数；若持卡人没有稳定工作，那么发卡银行会将其列为"不受欢迎"的客户，很难为其提高信用卡的信用额度。

◆　工作时长（最高 18 分）

与就业情况一样，工作时长也是重点考察因素。简单来说，工作时长就是指持卡人在一个工作单位所工作的年限，年限越久，评分也就越高。如果在一家工作单位工作不满两年，基本上没有分数。

从发卡银行的角度来看，频繁更换工作的持卡人，个人稳定性不是很好，也就无法获得稳定的收入，信用额度过高就会给银行带来风险。

◆　住房（最高 18 分）

这里的住房分为两种，自有住房和租房。租房的分数比较低，发卡银行觉得持卡人的经济能力明显较差。而自有住房的还要看房了有没有被抵押，若是没有抵押则最高可以得到 18 分，有抵押则直接扣去一半的分值。

◆ 居住时间（最高 17 分）

居住时间也是体现持卡人稳定性的重要因素，在一个地方长时间居住，就代表该持卡人的生活、工作和收入等方面都比较稳定，发卡银行也更加放心。

◆ 年龄（最高 14 分）

许多持卡人不能理解的是，为什么年龄能占到评分系统这么大的比例。实际上，持卡人的收入稳定性和心性成熟度跟年龄有直接的关系。信用卡办理的初始年龄阶段是 18 周岁，但 30 岁以下的年轻人不太喜欢稳定性，所以发卡银行也会重点考虑这方面的因素。

8.4.2
你知道提额总被拒的原因吗

信用卡提额是许多持卡人努力追求的事，但是并非持卡人申请提额发卡银行就会同意。信用卡提额申请是否能通过，取决于发卡银行对持卡人的用卡情况的综合评分结果。如果持卡人频繁申请提额总是被拒，或许可以从以下提额技巧中找到原因。

1. 使用的时间较短

通常情况下，发卡银行不会对使用信用卡时间较短的持卡人进行提额，至少也要开卡并使用半年后才可以申请提额。半年之后，发卡银行会根据持卡人在这半年内的用卡情况判断能否提额，持卡人使用信用卡的时间越长越有利。

2. 所用的额度较低

如果持卡人使用信用卡，一个月的消费连信用卡额度的一半都不到，那么发卡银行提额的可能性就比较低。例如，2 万元的信用卡额度，每个月的消费才 1000 元左右。这主要是因为持卡人所用的额度太低，连发卡银行的最低标准都没有达到。

很多持卡人没有刷卡消费的习惯，那么就很难提升信用卡额度，发卡银行也会认为持卡人当前的信用额度已经能满足日常需求，没有提额的必要。因此，持卡人要经常使用信用卡进行支付，这样才能有机会提升额度。

3. 网上消费比例大

好多持卡人不太在乎网络消费，但是发卡银行对于网络消费并不是特别认可，特别是微信支付、支付宝支付等。这不仅是因为这些网络支付抢占了发卡银行的利润市场，还因为网络支付容易出现非法套现等行为。

因此，在每个月的账单出来时，如果显示持卡人的网络支付比例较大，就会影响到后期的提额。

4. 出现逾期还款

逾期是提额最大的天敌，持卡人申请提额时，如果存在逾期导致的罚息问题，再多的良好记录也改变不了提额被拒的情况，一般极少的发卡银行会给有逾期记录的人提升额度。此时，持卡人必须重新累积使用记录。

5. 其他银行额度过高

对于发卡银行而言，并不是想给持卡人多少额度就可以批多少，这也要受制于监管部门。有些持卡人属于优质客户，在其他发卡银行都具有较高的额度，但在下一家发卡银行办理信用卡的额度就不会很高，提额也会被拒，这时持卡人就要考虑自身授信额度过高的原因。

要点提示

发卡银行给持卡人提供了资金的便利，也希望能从持卡人身上获得一些收益。因此，持卡人适当让发卡银行赚钱也是必不可少的，如短期分期、预借现金等。让发卡银行赚取少许利息，发卡银行才更愿意为持卡人提额。

8.4.3

各大银行信用卡提额技巧

许多持卡人提额失败的主要原因是没有了解每个发卡银行的提额规则，每个发卡银行因为战略不同，欢迎的客户群体也不同。持卡人想要成为发卡银行青睐的优质客户，就要投其所好，掌握各大发卡银行信用卡的提额技巧，其具体介绍如表 8-3 所示。

表 8-3　各大银行信用卡提额技巧

发卡银行	青睐的消费方式	注意事项
中国银行	①看重存款，在申请提额前，持卡人可以办理一张中国银行的借记卡，定期存款。 ②刷卡的金额尽量多，半年内消费总金额至少在信用额度的30%以上。 ③消费次数尽量多，平均每月10笔以上，若20笔以上更好。 ④消费商户类型多，如商场、超市、餐厅、旅游地点以及娱乐场所等。 ⑤批发类、购房以及购车等大众消费越少，提额就越容易。 ⑥支付宝交易、微信交易及取现越少，提额越容易	①只要有还款记录，就可以申请一次临时额度，随后又可以申请第二次临时额度。 ②第一次提高永久额度为6个月后，再次永久提额为3个月后

续上表

发卡银行	青睐的消费方式	注意事项
中国建设银行	①无论消费是大金额还是小金额，只要数据看着较多，最好一个月有 10 笔以上的消费。 ②适当分期，也不能太多。 ③适当消费一点外币	比较死板，电脑系统进行审核，严格按照发卡银行内部的一套评分机制来进行，人工无法干预
中国农业银行	①常常进行大额消费，如买家电、装修等。在消费前最好与发卡银行客服说明一下具体情况，农业银行不看负债，可以多刷卡消费，刷卡的次数不受限制。 ②提额不封顶，只要经常使用信用卡，一段时间后申请提额，很容易获得批准，基本上半年一提。 ③在农业银行有流水，信用卡也可以分期，提额会更加容易	①切记信用卡不套现。 ②尽量不取现，取现后想提额，基本上很难。 ③临时额度会占用固定额度，即用一次临时额度，就会占用一次固定额度提升的时间，最好不要使用临时额度。 ④不要频繁打电话申请提额，不然征信报告上显示的都是贷后管理
交通银行	①经常参加"周周刷"活动，在账单日前一天把钱存进去，第二天进行消费，但不要消费完。 ②办理一张交通银行的借记卡，开通手机网银并绑定信用卡，平时在借记卡中走走流水。 ③单笔消费不超过 1 万元，交通银行对消费笔数不是很关注，但是在什么行业的商户处消费要有准备，高费率行业尽量多刷。 ④经常在交通银行合作的商户处消费，每月消费几笔，对提额非常有帮助。 ⑤偶尔进行外币消费，但一定要记得要开通借记卡还款。 ⑥打电话给发卡银行的客服人员，说额度太低需要注销卡片，之后几天可能会发现额度提高了	①不要一开卡就把所有额度都刷完，新卡预留 30% 的信用额度。 ②新卡前 3 个月不要分期。 ③临时额度最好不要提。 ④新卡前两个月切记不要刷风控商户和单笔大于 7000 元的金额。 ⑤分期不要太频繁。 ⑥交通银行封卡冻结没有预兆，出现过数次大面积不明原因的封卡降额，持卡人需要特别注意

续上表

发卡银行	青睐的消费方式	注意事项
招商银行	①消费次数尽量多，招商银行对消费金额不太关注，尽量把消费方式变为刷卡消费。 ②如果招商银行主动提额，最好说境外消费，提升外币额度，这样人民币额度也同时得到提升	①招商银行不太在意以卡办卡，高学历更好申请。 ②学历不高，可以考虑办理一张招商银行的借记卡，偶尔走一下流水或存笔钱，然后再申请提额
中信银行	①中信银行青睐费率高的大额消费，并且是全额还款。 ②经常参加发卡银行推出的消费活动。 ③经常刷卡消费，大额消费和小额消费都可以。 ④适当的进行分期	①与其他发卡银行比较，中信银行提额难度较大。 ②持卡9个月以上才有可能提额
浦发银行	①经常去浦发银行的商城买东西，然后选择分期还款。 ②浦发银行青睐分期的持卡人，不管分期金额多少，都比较有利于提额。 ③看重个人资产，只要提供名下的房产、车产或理财产品等证明，可以立马获得提额	①注意消费与刷卡的类型，避免经常到同一地点消费。 ②注意积分消费。 ③一定要按时还款。 ④使用半年以上才可以申请提额，再次申请永久提额，需要距上次提额有半年以上
广发银行	①账单内容比较丰富，在不同行业的商户处消费。 ②消费笔数不用太多，可以绑定支付宝快捷支付。 ③新卡首提期间，一定要显示自己的消费能力。 ④广发银行的提额是自助的，提额手段很简单，刷到额度的80%～90%，出了账单后全额还款，再申请提额。 ⑤通常用卡时间超过半年，3个月就可以自助申请提额一次	①不要连续多月高负债。 ②一年两次消费分期或者账单分期，不要分期次数太多，其他时候最好都全额还款。 ③不要长期一直在一个商户处刷卡消费

续上表

发卡银行	青睐的消费方式	注意事项
中国民生银行	①小额多笔，适当分期，偶尔进行大额消费，但不要太多笔大额消费。②多次进行刷卡消费，在高端商户处消费，金额可大可小	①境外消费给临时额度。②尽量不要进行批发类、购房或购车等大宗消费。③尽量避免支付宝、微信等交易，取现次数越少越容易提额

8.4.4

低额度信用卡要不要注销

很多人在申请信用卡时都希望额度能高一些，但往往拿到信用卡却很失望，想要50000元的额度，发卡银行只批了3000元。看到这么低的额度，持卡人第一反应是不想激活使用，直接注销信用卡。

需要提醒持卡人的是，对于这种情况千万不要忙着打电话注销信用卡，这样可能会造成一些不良后果，主要有以下几点影响。

◆ 征信报告有记录

持卡人在拿到信用卡后，即便不激活信用卡，征信系统也会显示信用卡申请记录。因为持卡人在申请信用卡时，征信系统会将详细的申请记录体现在征信报告上。

因此，在申请信用卡前需要慎重考虑，不要盲目申请，每次申请不管有没有获得银行批卡，征信报告上都会产生相应金融机构的查询记录，征信查询多了也会对个人信用产生负面影响。

◆ 授信额度过高

申请人在获得批卡后，征信系统会将初始额度计入征信报告的综合授信额度项中。如果持卡人的综合授信额度过高，银行可能会将持卡人列入高风险客户的名单中，持卡人在以后申请信用卡时就不会那么容易获得审批。

◆ 给银行留下不良印象

发卡银行给持卡人核发信用卡，目的是让持卡人进行消费。如果持卡人进行刷卡消费，发卡银行可以从商户方收取一定的交易手续费；如果持卡人使用信用卡取现，就不会存在免息情况，发卡银行可以赚取一定的取现利息。

但如果持卡人拿到信用卡不激活，而发卡银行批卡有成本，又无法从持卡人那里获取任何利益，那持卡人再申请信用卡时，发卡银行更加不会批卡了。

通常情况下，发卡银行批的信用卡额度较低，主要是持卡人自身条件所限制，或许在发卡银行的授信额度就不高。此时，持卡人可以先接受低额度信用卡，如果该卡片在使用 6 个月以上还没提额，那么就可以考虑注销该低额度卡片，不过还得根据自己的具体情况决定。

8.4.5
信用卡为什么被降低额度

持卡人都知道，信用卡在使用一段时间后可以申请提高额度，但如果信用卡出现降额情况，持卡人就需要引起重视了。信用卡怎么会突然降低额度呢？这主要与持卡人的用卡习惯有关系，其主要受以下几点行为的影响。

◆ **出现套现行为**：有些持卡人总是在每月固定的几个日子内刷卡，而且每次都会将信用卡"刷爆"。此时，发卡银行就会怀疑持卡人有套现嫌疑，通常也会进行降额处理。套现是发卡银行一直打击的不良行为，如果不是太严重，银行只会"睁一只眼闭一只眼"，所以持卡人要尽量避免出现套现行为。

◆ **经常逾期还款**：逾期还款是用卡的大忌，如果持卡人在还款日前无法偿还全部债务，可以选择账单分期或最低还款来减轻压力，千万不要逾期。如果出现逾期，发卡银行就会认为持卡人信用有问题或没有偿还能力，为了减少银行损失，就会降低信用卡额度。逾期天数超 60 天或者恶意逾期不还的持卡人，发卡银行还会做出停卡、加入黑名单、黑信报以及催款等处理。

◆ **还款能力偏低**：信用卡的额度主要建立在持卡人收入、资产的基础上，如果持卡人面临资金困难的情况，发卡银行为了保护资金安全，可能也会降低信用卡额度。

◆ **长时间不刷卡**：如果信用卡长时间不使用，会被银行系统认定为闲置信用卡。在这种情况下，发卡银行就会认为持卡人没有消费需求，就有可能会被降低额度。不过，发卡银行为了鼓励睡眠卡的使用，也可能会主动提额或者发起一些针对性的活动。

◆ **征信频繁被查询**：征信频繁被查询主要分为两种情况，一是个人查询征信，此情况对持卡人的个人征信没有影响；二是机构查询征信，如果机构频繁查询持卡人的征信，发卡银行就会怀疑持卡人短期急用钱，从而降低信用卡额度。

要点提示

黑信报指的是存在信用卡逾期记录（分为 90 天以下和 90 天以上逾期记录）、个人消费贷款或个人经营性贷款逾期记录（分为 90 天以下和 90 天以上逾期记录）。

8.4.6

如何才能拥有多张大额信用卡

投资、做生意、买车以及买房等行为都容易面对资金压力，这时可以合理利用信用卡的免息期，把它当作成本最低的一种获取短期资金的途径。

此时，拥有大额信用卡就成为部分持卡人的目标，那么如何拥有多张大额度信用卡呢？在最开始申请信用卡时，除非申请人的资质和财力证明都特别充足，不然很难申请到额度较高的信用卡。对于普通申请人而言，想要使信用卡具有高额度，只能通过后期来培养。

1. 初申卡片不能过多

在最开始申请信用卡时，不能贪图数量，切忌申请太多张信用卡。因为开始的额度不会太高，授信额度都在一个水平上，后期提升所有信用卡额度就比较困难。

通常情况下，新用户最开始申请两张信用卡比较合适。这样不仅能很好的管理信用卡，还有助于提升信用卡额度。同时，还要选择向那些容易提额、提额周期较短的发卡银行申请。

2. 设置主升额度的卡片

确定主要提升额度的信用卡，通常为一两张，先让这一两张信用卡的额度提升起来，然后带动和影响其他信用卡的额度，平时消费也尽量使用主升额度信用卡。

另外，还需要配合"养卡"技巧：第一，每月每卡的平均刷卡次数保持在10～30笔，刷卡金额大小结合，每月的消费也不能间断；第二，消费种类多元化，即刷卡的商户类型要多，不能太单一。例如，一个月的刷卡账单中十几笔交易都是超市的刷卡记录，若连续几个月出现这种情况，则会被发卡银行判断为消费单一。

3. 将卡片升级为高端卡种

当主升卡片的额度得提升并达到 4 万～6 万时，持卡人就可以在该卡片的发卡银行中申请高端卡种，如白金信用卡。高端卡种可以突破普通卡种的额度上限，因为普通卡种的额度上限通常为 4 万～6 万。同时，这也为申请大额度信用卡打下基础。

4. 以卡办卡申请卡片

当持卡人培养的信用卡达到理想额度时，就可以通过以卡办卡的方式申请其他信用卡，这样申请下来的信用卡额度就不会太低，甚至会超过原卡的额度。以此方法申请多家发卡银行的信用卡，持卡人就可以拥有多张大额信用卡。

简单而言，持卡人想要获得多张大额信用卡，就需要对信用卡进行培养。持卡人在拥有多张大额信用卡后，也存在一定风险，如逾期、盲目消费等。因此，持卡人也要注意安全、规范用卡。

要点提示

如果申请人名下有房、车或者满足其他硬性指标，则可以将这些资料提交给发卡银行，很容易就能申请到大额信用卡。因为财力证明了申请人的实力，代表申请人的经济条件比较好，消费能强，还款能力也强，发卡银行自然比较欢迎这类型申请人。

8.5 境外消费攻略

随着社会的发展以及人们生活水平的提高，留学、出境游以及各类商务活动已经不再新鲜。而在境外消费时由于使用现金需要先进行现金兑换才能进行支付，于是双币种信用卡在境外消费的便捷性就显现了出来。不过，许多持卡人只知道双币信用卡刷卡消费时非常便捷，但却不清楚如何刷卡才能享受更多的优惠和更高的安全保障。

8.5.1
银联和 VISA 的境外消费哪个省钱

出国消费时，除了兑换好当地货币，更方便的方法是刷卡支付。那么，在境外消费刷银联卡还是刷 VISA 卡，很多消费者并不清楚，而作为一个精明的持卡人，只要弄清楚两者的具体区别，就能轻松选择。

1. 银联和 VISA 的区别

中国银联是经国务院同意，中国人民银行批准设立的中国银行卡联合组织，成立于 2002 年；VISA 又译为维萨、维信，是一个美国的信用卡品牌，可以在全球范围内使用，于 1976 年开始发行。可以从卡面、使用区域和用途 3 个方面来对它们进行区分。

◆ **卡面**：目前，国内的银行卡是按照打头数字的不同来分别归属于不同的银行卡组织，以"4"字打头的银行卡属于 VISA 卡组织，以"62""60""9"打头的属于中国银联组织。

◆ **使用区域**：有 VISA 标记的信用卡可以在全世界绝大部分国家使用，无论该卡是由哪国的银行发行；有银联标识的卡片主要是在中国境内通用，不过以"62""60"打头的银联卡是符合国际标准的银联标准卡，可以在国外使用，这也是中国银联近年来的主打卡片。

◆ **用途**：VISA 卡适合在境外消费使用，而银联卡适合在国内消费使用。不过，为了满足消费者的需求，各大银行都推出了"银联+VISA"双币卡。持有双币卡的持卡人，在国内可以走银联渠道，在国外可以走 VISA 渠道。

2. 境外刷卡银联与 VISA 哪个好?

通常情况下，双币信用卡消费的其他外币都会折算成人民币或者美元才可以入账。如果持卡人选择使用外币进行交易，则要考虑选择刷 VISA 卡还是银联卡，也就是说选择哪种货币记账。

其中，卡片打头数字表明了不同的发卡机构，走谁的通道就要遵守谁的刷卡结算规则。如果选择 VISA 通道记账，那么 VISA 便把当地货币转换成美元；如果选择银联通道记账，那么银联便将当地货币转换为人民币。在货币的转换过程中，就会产生货币转换费，即我们常说的"数钱费"。

目前，银联不收取这部分的费用；而对于 VISA 来说，在非美元地区需要收取 1% ~ 2% 的手续费，而在美国等地区刷卡也不需要手续费。

也就是说，持双币信用卡在境外刷卡时走银联线路，消费金额直接转换为人民币记账，无须支付汇兑手续费，可以节约商品总金额的 1% ~ 2% 的费用。虽然 VISA 的汇率会比银联好，覆盖面积也更广，但如果加上 1% ~ 2% 的手续费，很多情况下还是使用银联更划算。

目前，国内很流行双币信用卡，即可刷银联也可以刷 VISA。不过，在使用前需要事先明确告知收银员，自己要选择哪个通道记账，不然都会被默认为是 VISA 通道记账。

8.5.2

选择适合自己的全币种信用卡

为了占据更多的信用卡市场，各大发卡银行都纷纷推出了全币种信用卡。持卡人应该根据自身的消费偏好，对比分析信用卡的相应指标，选择适合自己的全币种信用卡。

全币种信用卡与传统的单币信用卡、双币信用卡不同，可以支持多国货币直接消费支付，这样就免去货币转换时的汇率损失和手续费，从而为自己节约支付成本。全币种信用卡的优势在于，不管在境外以什么币种结算，银行都会以当时汇率折算成相应的人民币金额入账，持卡人回国后只要还人民币即可。

全币信用卡消费时更划算

为了增加员工对公司的满意度，蒋先生的公司年前组织了一次欧洲行的旅游活动。蒋先生想要给亲戚朋友购买一些礼物，于是在 2020 年 1 月 15 日使用银行信用卡刷卡消费了 1000 欧元，账单生成时建设银行的外汇牌价为：1 欧元 =1.1136 美元，1 美元 =6.8858 人民币，1 欧元 =7.668 人民币。

如果蒋先生使用的是普通双币信用卡，那么他的信用卡账单首先会兑换成 1113.6 美元，信用卡组织会收取 1.5% 货币兑换费（即

16.704 美元），账单合计为 1130.304 美元。那么，最终需要还款人民币 7783.1 元；如果蒋先生使用的是全币种信用卡，银行直接将欧元兑换成人民币账单，只需还款人民币 7668 元，节约货币兑换费人民币 115.1 元。

由此可见，全币信用卡消费时比双币信用卡更划算。现在许多银行都推出了全币种信用卡，主要有工商银行环球旅行信用卡、中国银行全币种国际芯片卡以及中国建设银行全球热购信用卡等，常见的全币信用卡如表 8-4 所示。

表 8-4　常见的全币信用卡介绍

信用卡名称	产品介绍	功能
工商银行环球旅行信用卡	整合全球资源、蕴藏方寸之间，为您诚意奉献航空、酒店、购物休闲、返现、旅行、留学、机场贵宾、租车、退税和救援 10 大行业全球精选特惠服务，是持卡人商务出行、休闲旅游、留学培训的最佳伙伴。该卡包括银联单标识单币卡（磁条 + PBOC 芯片）、万事达银联双标识多币卡（磁条）以及 VISA 单标识全币卡（磁条 + EMV 芯片），全方位满足客户多样化的需求	①欧元、美元、英镑、澳元、港元、新加坡元、日元、瑞士法郎、加拿大元、新西兰元，这 10 种货币消费时不需要转换。②金卡刷卡 5 次免年费，白金卡年费 2000 元，年周期内消费 20 万可免。③在中国 50 多个机场享受 PP 卡服务。④海外消费有 21%+2% 的回报
中国银行全币种国际芯片卡	为有出境支付需求的人士精心设计的信用卡产品，采用国际通行 EMV 芯片标准，具有存款有息、循环信用、分期付款、全球交易人民币	①海外消费积分增长一倍，积分永久有效。②借贷合一，而且存款还有利息（独一无二的功能）。

续上表

信用卡名称	产品介绍	功能
中国银行全币种国际芯片卡	自动购汇等金融功能，更有优惠便捷的超值礼遇，让持卡人一卡在手、走遍全球	③本地银行的自动存取款机和柜台是不收取存取手续费的。 ④海外消费的回报为6%
中国建设银行全球热购信用卡	满足持卡人境外出行、购物、休闲旅游与海淘等多方面需求，带上全球热购信用卡，纵享世界美好，全球热购卡的VISA版和万事达版仅限境外使用	①有高达500万元的航空事故保险，4小时飞行延误2000元保险和1000元的行李延误。 ②国泰港龙对单人优惠至9.5折，2~9人有9.2折优惠。 ③凯悦集团、香格里拉、丽晶酒店集团、温德姆酒店集团、榕树酒店及度假村均可享受一晚免费住宿。 ④喜达屋有8折的优惠和金卡会员升级待遇。 ⑤海外的消费回报是10%
招商银行全币种国际信用卡	是国内首张符合国际EMV标准且具有VISA payWave功能的芯片信用卡，不仅具有传统的磁条识别系统，还采用了高度集成的芯片作为信息载体，为信用卡的安全和功能拓展奠定了坚实的基础，同时将为持卡人提供更高的安全性、更多的功能服务和更丰富的用户体验	①有旅行不便险和高达200万元的航空事故险。 ②只要加办就有388的积分。 ③享有VISA、Mastercard、AE Blue这三大卡组织的专属权益
民生银行VISA版全币种信用卡	是国际EMV标准芯片信用卡，不仅具有传统的磁条识别系统，还采用了高度集成的芯片作为信息载体，为信用卡的安全和功能拓展奠定了坚实的基础，同时为持卡人提供更高的安全性和更便捷的支付体验	①在境外取现不收取手续费。 ②民生银行信用卡的老客户首次申请的话，可以在下个月获得1000积分。 ③客户可以在海外五星级酒店免费延住

持卡人使用全币种信用卡在国外进行消费，还款的人民币金额都不相同，关键在于各发卡银行采用的外汇牌价不同。因此，持卡人在考虑办理哪种全币种信用卡的时候，可以关注一下各发卡银行的汇率历史报价，申请汇率报价有优势的银行的信用卡。

另外，持卡人还可以到各家银行的网站查询全币信用卡的相关功能与收费标准，如年费、合作商户以及优惠活动等，对比后选择最适合自己的信用卡即可。

8.5.3
境外消费透支后该如何还钱

随着出境消费的持续升温，境外使用信用卡消费也越来越普遍。那么，信用卡在境外的消费回国后该如何还款呢？事实上，境外消费还款不是一件简单的事，这里面的诀窍还真不少。

1. 还款服务

持卡人在境外刷卡消费后，如果使用人民币偿还美元账单，则需要在还款前办理购汇手续。如果不办理购汇手续，则可能影响还款。每家发卡银行对购汇还款的服务都不同，有的发卡银行提供自动转账、电话购汇以及网上购汇等服务，而有的发卡银行只接受柜台购汇。

许多发卡银行开通了自动购汇手续，发卡银行会自动帮助持卡人办理购汇手续，但持卡人要考虑清楚是否需要增加这项服务。

例如，持卡人已经开通了自动购汇功能，12 月 5 日信用卡有两笔账单，分别是 5000 元人民币和 500 美元。如果持卡人在 12 月 20 日先偿还了 5000 元人民币，12 月 21 日又偿还了 500 美元。

因为开通了自动购汇功能，所以持卡人在 12 月 20 日存进的 5000 元人民币，已按当日的牌价 6.89 换成了美元去偿还美元账单（5000 元人民币大概等于 725.69 美元）。然后 21 日存进了 500 美元，用于偿还了美元账单，最后有 725.69 美元一直存在信用卡内，所以按照银行的规定，持卡人还需要偿还 5000 元人民币的账单。

由此可知，一旦开通了自动购汇功能，在当期同时存在人民币账单和美元账单的情况下，还款的优先顺序是先还美元，然后还人民币，这样就很可能导致人民币账单被漏还，从而出现逾期。

2. 还款方式

将信用卡与借记卡进行绑定，实现自动还款，是持卡人最便捷的用卡方式之一。当然，不是所有的关联账户都可以对信用卡的外币消费进行自动还款。

在申领或使用信用卡之前，持卡人需要向发卡银行了解清楚信用卡的关联事宜，如果需要实现自动还款，持卡人需要在申请表格内注明。另外，持卡人想要使用人民币实现自动转账还款，还需要提前开通人民币偿还美元的功能，因为发卡银行不会主动将借记卡中的人民币转换成美元进行还款。

3. 还款汇率

在不同国家和地区进行消费后，还款时的结算也存在差异。如果去美元区国家刷卡消费，就以还款当天的汇率来定；如果去非美元区国家刷卡消费，就以当地商户和银行结算时的汇率来定，有些商户每日结算，有些商户每周结算。通常情况下，只要对一周之内的刷卡消费进行结算，汇率就不会发生很大变化，持卡人承担的汇率风险就较小。

另外，持卡人需要注意，由于汇率是实时波动的，一旦持卡人没有全额还款，所有欠款将从刷卡消费当天开始以每日0.05%的利息记账，这对持卡人而言是比较吃亏的。

4. 还款期限

目前，中国银行、中国农业银行以及招商银行等规定，不管是人民币还是美元，还款都是实时到账，人民币入账耽误的责任都由银行承担。不过，也有其他发卡银行存在滞后的现象。

例如，在中国光大银行柜台使用人民币偿还美元当天可到账，但电话购汇需提前 3 个工作日；中国建设银行使用人民币偿还美元需提前 2 ~ 4 个工作日；中信银行使用人民币偿还美元需提前 1 ~ 2 个工作日。

由此可知，不同发卡银行的到账日规定存在差别，所以持卡人最好了解清楚发卡银行的规定，尽量提前 3 天偿还账单。如果过了免息期，持卡人就会出现逾期记录，还需要支付利息和违约金，这就得不偿失了。

读 者 意 见 反 馈 表

亲爱的读者：

感谢您对中国铁道出版社有限公司的支持，您的建议是我们不断改进工作的信息来源，您的需求是我们不断开拓创新的基础。为了更好地服务读者，出版更多的精品图书，希望您能在百忙之中抽出时间填写这份意见反馈表发给我们。随书纸制表格请在填好后剪下寄到：北京市西城区右安门西街8号中国铁道出版社有限公司大众出版中心 张亚慧 收（邮编：100054）。或者采用传真（010-63549458）方式发送。此外，读者也可以直接通过电子邮件把意见反馈给我们，E-mail地址是：lampard@vip.163.com。我们将选出意见中肯的热心读者，赠送本社的其他图书作为奖励。同时，我们将充分考虑您的意见和建议，并尽可能地给您满意的答复。谢谢！

- -

所购书名：_____

个人资料：

姓名：_____ 性别：_____ 年龄：_____ 文化程度：_____

职业：_____ 电话：_____ E-mail：_____

通信地址：_____ 邮编：_____

- -

您是如何得知本书的：

□书店宣传 □网络宣传 □展会促销 □出版社图书目录 □老师指定 □杂志、报纸等的介绍 □别人推荐
□其他（请指明）_____

您从何处得到本书的：

□书店 □邮购 □商场、超市等卖场 □图书销售的网站 □培训学校 □其他

影响您购买本书的因素（可多选）：

□内容实用 □价格合理 □装帧设计精美 □带多媒体教学光盘 □优惠促销 □书评广告 □出版社知名度
□作者名气 □工作、生活和学习的需要 □其他

您对本书封面设计的满意程度：

□很满意 □比较满意 □一般 □不满意 □改进建议

您对本书的总体满意程度：

从文字的角度 □很满意 □比较满意 □一般 □不满意
从技术的角度 □很满意 □比较满意 □一般 □不满意

您希望书中图的比例是多少：

□少量的图片辅以大量的文字 □图文比例相当 □大量的图片辅以少量的文字

您希望本书的定价是多少：

本书最令您满意的是：

1.
2.

您在使用本书时遇到哪些困难：

1.
2.

您希望本书在哪些方面进行改进：

1.
2.

您需要购买哪些方面的图书？对我社现有图书有什么好的建议？

您更喜欢阅读哪些类型和层次的理财类书籍（可多选）？

□入门类 □精通类 □综合类 □问答类 □图解类 □查询手册类

您在学习计算机的过程中有什么困难？

您的其他要求：